LES PARTIES DES ANIMAUX

Paru dans Le Livre de Poche :

CONSTITUTION D'ATHÈNES

ÉTHIQUE À NICOMAQUE

ÉTHIQUE À NICOMAQUE (Livres VIII et IX)

POÉTIQUE

RHÉTORIQUE

Collection dirigée par Jean-François Balaudé

ARISTOTE

Les Parties des animaux

TEXTE TRADUIT, PRÉSENTÉ ET ANNOTÉ PAR FRÉDÉRIC GAIN

LE LIVRE DE POCHE
Classiques de la philosophie

Ancien élève de l'École normale supérieure de Paris, agrégé de philosophie, Frédéric Gain est professeur en lycée dans le Pas-de-Calais. Il a soutenu en 2005 une thèse sur Aristote. Il est aussi traducteur de Kant (*Sur le mal radical dans la nature humaine*, éditions Rue d'Ulm, 2001).

ISBN : 978-2-253-08926-1 – 1re publication LGF

PRÉSENTATION

Le traité des *Parties des animaux*, dont l'authenticité n'a jamais été contestée, se compose de quatre livres ; le premier, souvent édité à part, se distingue des autres par une réflexion axée sur la science naturelle en général plutôt que sur la zoologie proprement dite, et par un style plus recherché, au moins dans les chapitres 1 et 5. Si l'on peut donc considérer ce premier livre comme une sorte de préambule, les trois suivants ont pour but d'expliquer les parties des animaux et leurs différences de forme.

La perspective du traité : l'anatomie comparée

À la lecture des livres II à IV, qui constituent le cœur du traité, il est frappant de constater qu'Aristote mentionne assez peu d'espèces, mais surtout ce qu'il appelle des genres, c'est-à-dire des familles d'animaux qui se ressemblent. Pourquoi un esprit aussi rigoureux qu'Aristote, et surtout aussi documenté, si tant est que les *Parties* aient été écrites après l'*Histoire des animaux* comme l'indiquent de multiples références internes, s'en tient-il ici à un tel niveau de généralité ? Pourquoi parle-t-il d'animaux à cornes et de quadrupèdes ovipares, au lieu de traiter directement des vaches et des cerfs, des espèces particulières de tortues ou de lézards ? Comment, dès lors, un tel traité, qui vise l'explication des parties des animaux, pourrait-il rivaliser avec l'*Histoire* ?

La réponse à ces questions est en fait assez simple : c'est justement parce que le projet d'Aristote est d'expliquer l'organisation des animaux, de rendre compte des différences de nature ou de degré qui affectent leurs parties, qu'il se focalise sur des genres plutôt que sur des espèces. Il serait simpliste de considérer que les *Parties* se distinguent de l'*Histoire* en ce qu'elles relèveraient d'une zoologie spéculative alors que la seconde s'en tiendrait à une collection de faits empirique : il ne s'agit pas de passer de la description à l'explication, mais de l'enquête explicative à l'explication raisonnée, systématique, de l'organisation des animaux[1]. En définitive, *Les Parties des animaux* représentent une étude d'anatomie comparée : Aristote y expose le pourquoi de la disposition des différents tissus et organes en reliant chaque type d'organisation à un grand genre. La dénomination d'anatomie comparée n'est pas à placer

1. Sur ce point, voir notamment J. G. Lennox (« Between Data and Demonstration : the *Analytics* and the *Historia Animalium* », dans *Aristotle's Philosophy of Biology*, Cambridge, Cambridge University Press, 2001, p. 40).

entre guillemets : si Aristote se montre parfois préscientifique dans ses explications et même dans ses observations[1], le projet de mener une étude comparative de l'anatomie animale, dans une perspective fonctionnaliste, est bel et bien le même, dans son intention d'ensemble, que celui d'un Cuvier ou d'un Geoffroy Saint-Hilaire.

Le fil conducteur du traité nous est fourni par la structure du corps humain : l'homme est à la fois le vivant qui nous est le plus connu, et celui qui, par sa station droite, nous présente une structure entièrement dépliée, étalée de haut en bas[2]. Globalement, Aristote commencera par les parties qui correspondent à la tête de l'homme, et finira par les pieds. Dans le détail, il commencera en fait par ce qu'il appelle les parties « homéomères » (parties formées de portions semblables à leur tout), c'est-à-dire à peu près ce que nous appelons des tissus (sang, chair, os, etc., sachant qu'il y range aussi le cerveau, les dents et les ongles), avant d'aborder les parties dites « anhoméomères » ou fonctionnelles (dont les portions ne sont pas semblables à leur tout, pas plus qu'un visage ne se définit seulement comme de la chair et des os).

Ainsi, après une courte introduction (II, 1), et un développement sur les différents types de parties homéomères et leurs rôles dans l'organisme, Aristote traite des parties externes des sanguins (qui correspondent à nos vertébrés), en partant du sommet

1. Par exemple, le crâne de l'homme présenterait plus de sutures que celui de la femme (653b 1). 2. Voir notamment II, 10 (656a 7-13).

que représente la tête (II, 10) ; mais, arrivé au niveau du cou, il passe à l'examen des parties internes (III, 4), d'abord chez ces mêmes animaux, puis chez les non-sanguins (IV, 5), dont il décrit au passage les parties externes, avant de revenir (IV, 10) aux parties externes des sanguins (en partant de leur tronc) pour terminer son traité. Ce plan est d'ailleurs en accord avec celui des livres I à IV de l'*Histoire*, où l'homme était aussi pris comme fil conducteur.

Ce projet d'étudier les animaux, non pas un par un, mais selon un plan commun, et d'examiner les parties en les rapportant à la fonction à laquelle elles participent plutôt qu'à l'espèce à laquelle elles appartiennent, exprime directement une découverte fondamentale d'Aristote : celle du schéma unique d'organisation des vivants. On peut en attribuer la paternité au Stagirite, car ce n'est pas pour des raisons simplement rhétoriques qu'il étudie la partie avant d'étudier l'espèce, mais bien parce que l'organisation de chaque espèce n'est qu'une variante, commandée par des fonctions plus ou moins nombreuses et complexes, d'une organisation de base permettant tout simplement la vie.

Comme il l'indique au début de l'examen des parties instrumentales : « Pour tous les animaux achevés, en effet, les parties les plus nécessaires sont deux : celle par laquelle ils reçoivent la nourriture et celle par laquelle ils rejettent le surplus » (655b 29). Autrement dit, tout animal digne de ce nom, par opposition à ceux qui participent encore du végétal comme les éponges et les méduses (681a 15), s'organise autour d'un tube digestif : il doit donc posséder une bouche, qu'on appellera le haut par référence à l'homme, et une partie excrétoire, qu'on appellera le bas. Si les plantes ne produisent pas d'excréments, on peut toutefois leur attribuer un haut et un bas, puisqu'elles ingèrent de la nourriture par leurs racines, qui paradoxalement représenteront leur « haut »[1]. Pour revenir aux animaux, Aristote n'ignore pas que s'ils sont tous organisés autour de leur tube digestif, ce dernier ne présente pas toujours la même disposition, comme le montre le cas des céphalopodes et de certains testacés, chez lesquels le tube, au lieu d'être rectiligne, est comme recourbé vers l'entrée[2]. Quant au cœur, qu'Aristote considère comme le principe de la vie animale, puisqu'il représente le centre des sensations, donc la partie où l'âme exerce par excellence son activité sensitive[3], il appartient au sens propre aux sanguins, tandis que chez les autres il est présent sous une autre forme, puisque ces animaux n'ont pas de sang mais un analogue du sang.

On voit donc que le projet d'une anatomie comparée, ou d'une zoologie spéculative au sens où elle vise à rendre raison de l'organisation des animaux, part du principe que tous les animaux ont la même

---

1. *De l'âme* II, 4 (416a 3) ; *Les Parties des animaux* IV, 7 (683b 18). **2.** 684b 34 - 685a 11. **3.** Il n'y a pas lieu d'opposer les livres II à IV des *Parties* à la théorie du traité *De l'âme*, sous prétexte que le cœur y serait identifié à l'âme sensitive, car Aristote, loin d'affirmer que le cœur serait *le principe* de la vie, se contente de dire que le cœur est la partie où « réside le principe de la vie ainsi que de tout mouvement et de toute sensation » (665a 10).

structure de base : il est donc inutile, et même nuisible à l'explication scientifique, d'étudier isolément l'organisation de chaque espèce, pour autant qu'on se souvienne que la bonne explication est celle qui rattache la propriété à démontrer au sujet d'appartenance le plus élevé possible : ainsi, tel triangle isocèle a ses angles égaux à deux droits, non parce qu'il est isocèle, mais tout simplement parce que c'est un triangle[1]. Le point commun entre tous les animaux sur lequel s'appuie l'anatomie comparée n'est pas la perception, ni même la possession d'un cœur ou de son analogue : c'est la présence d'un tube digestif, qui constituerait aussi un point commun avec les plantes si la fonction nutritive était identique chez les uns et les autres, ce qui n'est pas le cas puisque l'animal transforme ce qu'il ingère en nutriment, alors que la plante puise directement ce dernier dans le sol (650a 20). En ce qui concerne maintenant la comparaison des espèces, son principe est exposé très clairement à la fin du livre I : alors qu'une espèce est un ensemble d'individus dont la définition est identique (notons que pour Aristote la définition exprime l'essence même du singulier, et que si différents individus ont la même définition c'est précisément parce que leurs différences ne concernent pas ce qu'ils sont essentiellement), un genre est un ensemble d'individus dont les différences mutuelles sont seulement quantitatives[2], c'est-à-dire ne concernent que la taille des parties, non leur structure ; ainsi,

1. *Seconds analytiques* I, 5 (74a 25). 2. « On a fait dépendre d'un même genre [les animaux] qui ne présentent qu'une

tous les oiseaux présentent le même schéma, plus ou moins déformé. En revanche, lorsque des individus présentent des parties hétérogènes, quand bien même ces dernières seraient semblables par la fonction (par exemple celle de servir au déplacement), il ne s'agit plus que d'un rapport d'analogie : c'est ce qui se passe entre genres différents, comme lorsqu'on dit que l'aile est à l'oiseau ce que la nageoire est au poisson.

Ces différents rapports d'identité spécifique, de ressemblance générique et d'analogie intergénérique, font intervenir la notion de fonction (*ergon*), ou d'activité (*praxis*), qui constitue un avatar de l'*energeia*, l'acte par rapport auquel s'ordonne la puissance. En effet, deux espèces seront d'autant plus proches que leurs fonctions vitales sont accomplies par des parties semblables, voire identiques.

Fondamentalement, tous les organismes vivants, les animaux comme les plantes, sont des ensembles de parties fonctionnelles au service d'une fonction globale, à savoir la vie[1], dont la base est constituée

---

différence quantitative, selon le plus et le moins, et on a classé séparément ceux qui entretiennent un rapport d'analogie. Je m'explique : un oiseau diffère d'un oiseau selon le plus et le moins, selon l'excès et le défaut (l'un a de grandes ailes, l'autre de petites ailes), alors que le genre des poissons diffère du genre "oiseau" selon un rapport d'analogie (la plume est à l'un ce que l'écaille est à l'autre) » (I, 4, 644a 16-22).

1. « Puisque tout instrument existe en vue d'un but, que chacune des parties du corps existe en vue d'un but, et que le "en vue de quoi" est une action déterminée, il est manifeste que l'ensemble du corps est constitué en vue d'une certaine action com-

par la faculté de se nourrir et de se reproduire. Cette fonction globale par laquelle l'organisme se distingue du cadavre, correspond à l'âme, qui est en quelque sorte la faculté pour un être d'accomplir ses différentes fonctions vitales. Dans la perspective naturaliste des *Parties*, il importe peu que l'âme soit l'ensemble des fonctions du corps (sa vie), ou qu'elle soit la faculté permettant celle-ci, car le but est d'expliquer les différences de structure par des différences de fonction.

Cette fonction commune du vivant est toutefois diversifiée selon qu'on a affaire à une plante, qui n'a pas besoin de percevoir pour trouver sa nourriture, à un animal immobile, ou encore à un prédateur : ainsi, une fonction aussi élémentaire que la nutrition supposera, d'une espèce à l'autre, des activités différentes, donc des parties différentes par la taille, la forme, voire l'organisation lorsqu'on passe d'un genre à l'autre.

Laissant pour plus tard les réflexions fondamentales sur le finalisme d'Aristote, nous pouvons d'ores et déjà observer, à la lecture des explications qu'il donne, que la structure, en particulier celle des parties instrumentales, souvent celles qui servent à la survie dans tel environnement, s'explique par leur fonction. C'est ce qui apparaît dans le célèbre passage sur la main de l'homme, au livre IV (c'est parce que l'homme est le plus intelligent des animaux qu'il

---

plète. […] Par là même, le corps, d'une certaine manière, existe en vue de l'âme, et ses parties, en vue des fonctions auxquelles chacune est naturellement destinée » (645b 14-20).

possède des mains, et non l'inverse, car la main n'est une main, « instrument pour des instruments », que si l'on sait s'en servir), mais aussi dans de nombreux autres qui relient l'anatomie d'une espèce à son essence, ensemble de propriétés qui la définissent comme telle au sein d'un milieu donné.

Pour en venir à la postérité des *Parties*, elle est immense, non seulement d'un point de vue historique (ce traité, dont Pline l'Ancien et Galien citent des passages, fut connu des savants arabes à travers le recueil intitulé *Livre des animaux* ; Michel d'Éphèse le commente au XIIe siècle[1], et c'est Albert le Grand qui le réintroduit en Occident), mais sans doute même d'un point de vue scientifique. Concernant les concepts, il est aisé de constater que les grands genres d'Aristote recouvrent presque exactement nos divisions zoologiques : les sanguins, qu'il distingue des non-sanguins (céphalopodes, testacés, crustacés, insectes), correspondent à notre embranchement des vertébrés ; il dispose déjà de la distinction entre vivipares, ovipares et ovovivipares (cas de la vipère, de certains poissons sélaciens) ; il établit le principe de classification des vivipares quadrupèdes en fonction de leurs nombres de doigts ; il distingue les cétacés des poissons. En ce qui concerne la méthode, malgré des principes métaphysiques qui le poussent souvent à des observations erronées (ainsi, comme la droite

1. Ce commentaire a été édité, par M. Hayduck, dans le vol. XXII (2e partie) des *Commentaria in Aristotelem græca* (Berlin, Reimer, 1904).

est supérieure à la gauche, les crabes auraient la pince droite plus forte que l'autre), le principe consistant à étudier chaque grande famille en fonction d'un archétype par rapport auquel chaque espèce apparaît comme une spécification, autrement dit comme la réalisation singulière d'un modèle de base, se retrouve dans tout traité systématique de zoologie, ainsi que celui, corrélatif, qui consiste à rapporter la structure du vivant aux « fonctions communes au corps et à l'âme », telles la nutrition, la sensation, la respiration, en l'occurrence celles qu'il étudie dans les *Petits traités d'histoire naturelle*. Quant aux observations, si elles ne sont pas toutes de première main, notamment celles sur les poissons, et si elles sont pour certaines contaminées par un mode de pensée qui relève du préjugé culturel plutôt que de l'esprit scientifique (ainsi de tout ce qui concerne la caractérisation de la femelle par rapport au mâle), elles sont souvent minutieuses (comme on peut le constater à la lecture des passages sur les céphalopodes, au livre IV).

L'épistémologie des Parties des animaux

Si l'on appelle empirisme la conception selon laquelle toutes nos connaissances dérivent de la perception, réputée seule source de connaissance, Aristote n'est pas exactement un empiriste, malgré le slogan dont on lui attribue traditionnellement la paternité : « rien n'est dans l'intellect qui n'ait d'abord été dans les sens » (*nihil est in intellectu quod non prius fuerit in sensu*). D'une part, en effet, Aristote considère que la science proprement dite se développe à partir des contenus perceptifs mais ne s'y réduit pas : l'esprit ne perçoit pas de la même manière selon qu'il réfléchit par la *dianoia*, ou qu'il comprend par le *nous*[1] ; d'autre part, si pour Aristote la connaissance ne doit jamais être contraire à l'observation, elle peut toutefois s'en éloigner, comme on le constate lorsque le Stagirite s'élève jusqu'à la théorie du premier moteur immobile au livre Λ de la *Métaphysique*. Or, il ne suffit pas d'admettre que les sensations sont le point de départ obligé de la connaissance, ni que la théorie ne doit pas entrer en contradiction avec l'observation, pour pouvoir être qualifié d'empiriste, car même l'idéaliste le plus extrémiste ne peut contester cela : que pourrait connaître un homme né sourd et aveugle ? Et que vaut une théorie explicitement contraire aux faits ? Quant à la théorie dite de l'intellect agent (au chapitre III, 5 du traité *De l'âme*), elle semble indiquer que le moteur de notre intellection, ou saisie de l'essence proprement dite, n'est pas la perception, mais un intellect qui contient en lui, pleinement réalisé, l'objet de connaissance, ce qui revient à admettre que l'intelligible, la science en acte, précède le sensible, au moins selon l'ordre des raisons[2].

---

1. Voir *De l'âme* III, 4 (429b 12). **2.** « Comme il y a, dans la nature tout entière, d'une part un principe qui fait fonction de matière pour chaque genre de choses – et c'est ce qui est en puissance toutes ces choses –, et d'autre part un principe causal et actif qui les produit toutes – telle la technique par rapport à la matière –, il est nécessaire que dans l'âme aussi se trouvent ces différences. De fait il y a d'une part l'intellect capable de devenir toutes choses, d'autre part l'intellect capable de les produire toutes, semblable à une sorte d'état comme la lumière : d'une certaine manière, en

Aristote n'est donc pas un empiriste au sens moderne du terme.

Sur le plan de la méthode, toutefois, Aristote est bien tout le contraire d'un idéaliste, et c'est en ce sens qu'on pourra qualifier d'empiriste son attitude face au réel. En effet, toute sa démarche apparaît comme guidée par le principe selon lequel l'explication doit s'accorder avec les cas particuliers, ce qui revient à déclarer la guerre à toute forme de généralisation abusive. Cela apparaît dans le reproche adressé, en *Génération des animaux* III, 5, à la théorie selon laquelle tous les poissons seraient femelles à l'exception des sélaciens : « Partis d'un petit nombre d'observations, ils se figurent qu'il en va de même dans tous les cas » (756a 4). Ce principe n'interdit pas les affirmations universelles, mais invite à passer en revue tous les cas particuliers pour repérer d'éventuelles exceptions. Comme il l'écrit à propos de la difficile question de la reproduction des abeilles (III, 10), « les phénomènes en question n'ont pas été suffisamment saisis, mais s'ils viennent à l'être un jour, il faudra se fier à la perception plutôt qu'aux raisonnements, et à ces derniers s'ils se révèlent en accord avec les observations » (760b 30-33). L'induction, qui consiste à s'élever du singulier à l'universel, ne donne une connaissance que lorsqu'elle est complète.

Dans le même ordre d'idées, l'attitude d'Aristote est fondamentalement réaliste, en ce sens que c'est

effet, la lumière elle aussi fait passer les couleurs de l'état de puissance à l'acte » (430a 10-17, trad. E. Barbotin, Paris, Les Belles Lettres, 1966).

le réel qui impose ses lois à la pensée, et non l'inverse. Paradoxalement, c'est un point sur lequel l'influence de Platon, à travers la théorie de l'éternité des Formes, s'avère décisive : la pensée n'a qu'à découvrir des essences et des rapports qui lui préexistent éternellement.

L'attention d'Aristote aux cas particuliers est cependant tout le contraire de l'empirisme naïf, selon lequel la réalité se réduirait aux faits, et la science, aux observations particulières. Dans le chapitre III, 5 de la *Génération des animaux*, encore une fois, Aristote explique l'erreur des pêcheurs qui croient que les poissons qu'ils ne voient pas s'accoupler n'ont pas besoin de le faire pour se reproduire, en disant qu'« aucun d'entre eux n'observe ce genre de choses dans le but de connaître » (756a 33) : autrement dit, il ne suffit pas d'observer pour comprendre, encore moins, dans le cas présent, de constater l'absence d'une observation pour valider la non-existence du fait correspondant. La démarche scientifique consiste à rendre compte des faits, au-delà de leur stricte observation, sans jamais se dispenser de leur rendre des comptes.

Il est clair que la zoologie d'Aristote, surtout dans *Les Parties des animaux*, a pour but de donner les causes de la constitution des différentes espèces. Pour être scientifique, une telle explication doit, à terme, prendre la forme d'une déduction, bien que son origine soit inductive, puisqu'il faut partir d'un relevé des faits. Si, comme l'a soutenu Jonathan Barnes, les *Seconds analytiques* ne nous donnent pas une méthode de découverte mais un modèle de présentation du savoir dans le but de l'enseigner[1], c'est bien à cet idéal de présentation démonstrative qu'est censé se conformer le traité. Une explication digne de ce nom doit expliquer la présence et la disposition de telle partie en montrant qu'elle appartient à l'animal en vertu de son genre, plus ou moins large, et éventuellement, dans quelques rares cas[2], de son espèce singulière. Expliquer une partie, c'est montrer que sa présence et ses propriétés résultent nécessairement des caractéristiques d'un genre qui joue le rôle de moyen terme dans le syllogisme. Par exemple, comme aucun sanguin n'a plus de quatre points d'appui (ou membres moteurs), les poissons, qui sont tous des sanguins, n'ont jamais plus de quatre nageoires (695b 23). Il est intéressant de constater que, dans le cas des animaux dits ambigus, comme les phoques, les chauves-souris et les autruches, Aristote, loin d'abandonner ce type de raisonnement, l'utilise doublement : ainsi, dans le dernier chapitre des *Parties* (IV, 14), il explique que l'autruche est bipède comme oiseau, et à pieds fourchus comme quadrupède, parce qu'elle participe à ces deux genres.

Étant donné que pour Aristote les animaux sont éternels en tant qu'espèces, à défaut de l'être comme

---

1. « Aristotle's Theory of Demonstration », *Phronesis*, 14, 1969, p. 123-152; repris dans J. Barnes, M. Schofield, R. Sorabji (éd.), *Articles on Aristotle*, vol. I, Londres, Duckworth, 1975.
2. C'est le cas notamment pour le nez de l'éléphant (658b 33), pour les cornes des cerfs (663b 12), ou pour le chameau, ruminant sans cornes (674a 31).

individus, et qu'il n'y a donc ni évolution ni possibilité d'extinction pour une espèce, la zoologie, approche explicative des formes animales, peut prétendre au statut de science démonstrative (autant que les mathématiques), parce que ses objets d'étude ne sont pas sujets au devenir : l'anatomie et les fonctions de tel individu mortel peuvent être étudiées *sub specie æternitatis*, et cela sans aucune opération d'abstraction, puisque ces dernières se situent au niveau de la vie même de l'individu. Quoi qu'il en soit, l'explication des parties d'un animal ne s'en tient jamais au niveau de l'animal considéré, non qu'il s'agisse d'expliquer les parties plutôt que les espèces, mais parce qu'il s'agit d'expliquer l'animal en fonction de ses parties.

Cela nous amène à la question de la classification des animaux chez Aristote. Comme l'a montré Pierre Pellegrin, le but de la zoologie d'Aristote n'est pas d'abord de classer les animaux : il n'y a donc pas lieu de lui reprocher de ne pas aboutir à une classification systématique des animaux[1]. Le terme de genre possède chez lui un sens très large (il peut être appliqué aux sanguins, aux ovipares quadrupèdes, aux serpents, et même à une espèce[2]), et plusieurs types de classification, allant du mode de vie à la

---

1. « Aristote classe donc les animaux et les classe bien. Bien mieux en tout cas que la plupart de ses successeurs. [...] Mais en aucun cas on ne peut lui prêter de projet taxinomique, même non formulé » (*La Classification des animaux chez Aristote. Statut de la biologie et unité de l'aristotélisme*, Paris, Les Belles Lettes, 1982, p. 195). **2.** Comme les couteaux, parmi les testacés (en 683b 17).

structure du corps, sont utilisés de façon concurrente, selon le contexte. En fait, si la classification n'est pas pour lui un but, elle reste cependant un moyen, car pour ne pas étudier les espèces une par une il est indispensable de les rattacher au genre premier d'appartenance de telle ou telle fonction ou propriété. On ne peut pas comprendre la bipédie de tel oiseau sans faire référence au genre des sanguins, qui ne peut comporter que quatre points d'appui, ailes incluses. Quant à la bipédie de l'homme, elle n'est pas du même ordre (643a 3), car ce serait transgresser toute logique que de définir l'homme comme un bipède sans ailes : l'homme n'est pas un oiseau privé d'ailes, mais c'est précisément en tant que vivipare fissipède, et non en tant qu'oiseau, qu'il comporte la caractéristique distinctive de marcher sur deux pieds seulement.

Dans la mesure où elle permet de ne pas mettre sur le même plan l'aile des oiseaux et celle des insectes, la classification est une nécessité et en ce sens un but. De fait, comme le montrent les chapitres 2 à 4 du livre I des *Parties*, il ne s'agit pas seulement d'appréhender ou de saisir (*lambanein*) les espèces animales, mais bel et bien de les classer (*dialambanein*). Les classer, non parce qu'il suffirait de les articuler les unes aux autres pour les connaître, mais parce que pour les connaître il faut les définir, et pour les définir, les classer : il ne s'agit pas d'inscrire l'espèce dans un genre, selon une logique extensionnelle, mais d'inscrire le genre dans l'essence, dans la mesure où une partie des propriétés essentielles de l'espèce sont aussi des propres du genre qui constitue celle-ci. Définie par un genre et une différence qui permet de saisir son essence individuelle, l'espèce peut désormais être étudiée. Ainsi, parce que la question de la classification est aussi celle de la définition, Aristote consacre-t-il une partie du livre I à la question de la bonne méthode de classement, par opposition à la méthode platonicienne par division binaire ou dichotomie. Lorsqu'il critique la méthode de définition et de classement par arborescence, typique des derniers dialogues du maître (*Sophiste* et *Politique*), Aristote lui reproche à la fois sa difficulté et son inutilité. En effet, il est pratiquement impossible d'établir un arbre sans recourir à des caractères négatifs, comme aptère ou apode, qui ne nous renseignent donc nullement sur les êtres qu'ils devraient caractériser. En outre, ce type de classification est inutile, puisqu'il ne repose que sur la comparaison : il ne nous apprend pas ce qu'est chaque animal, mais plutôt ce qu'il n'est pas, sa différence vis-à-vis des autres, laquelle peut se réduire à un propre accidentel (comme le rire de l'homme). Or, pour Aristote, la définition d'une chose – nous dirions aujourd'hui son identité – ne repose pas sur sa différence par rapport aux autres, mais sur ce qu'elle est fondamentalement, sur ce qui la fait être telle qu'elle est, autrement dit son essence. C'est pour cette raison qu'à la méthode de définition par arborescence, il faut substituer celle, pour ainsi dire, du tableau à double entrée, qui permet d'atteindre l'espèce en ne mentionnant qu'un genre et les différences qui se révèlent caractéristiques au sein de ce genre.

Comme le but est de montrer, de façon commune à plusieurs espèces, que telles parties leur appartiennent nécessairement en vertu d'un certain genre, tout le problème est de déterminer à quel niveau exact de généralité (ou de généricité) doit se situer l'explication pour rassembler un maximum de faits sans en contredire aucun. En cas de contradiction avec les faits, il faut soit passer à un genre plus restreint (quadrupède bifurqué au lieu de vivipare quadrupède), soit dire pourquoi l'explication générale ne s'applique pas au cas particulier, autrement dit rendre raison de l'exception. C'est ici que s'éclaire la difficulté que nous avions soulevée au début de cette présentation : en effet, la raison pour laquelle Aristote mentionne peu d'espèces dans son traité, c'est que, pour éviter les redites, il étudie les espèces au niveau de leur genre ; mais du même coup, lorsqu'une espèce fait figure d'exception, ou de cas particulier, il est obligé de la mentionner et de rendre raison de sa différence. Au fil du texte apparaissent donc des espèces telles que le scare (qui, à la différence des autres poissons, n'a pas de dents de scie, parce qu'il rumine[1]), la murène (poisson qui nage sans nageoires, comme un serpent[2]), sans parler des animaux ambigus (en particulier l'autruche, oiseau qui court au lieu de voler[3]). Une espèce comme l'hémyde fait doublement figure d'exception : en tant que tortue, elle devrait posséder une vessie, alors même que la nature des tortues est « tronquée » (671a 16) puisque les animaux à carapace ne possèdent pas de vessie. En

1. 662a 7 et surtout 675a 3. 2. 696a 6. 3. IV, 14.

définitive, dans la démarche d'Aristote, le cas particulier intervient comme une épreuve à laquelle doit se soumettre l'explication générale, non qu'il puisse directement contraindre à son abandon, mais au sens où cette explication doit alors être précisée, sinon rectifiée.

La théorie des quatre causes, exposée notamment en *Physique* II, 3 et 7, n'apparaît pas comme telle dans *Les Parties des animaux*. Aristote, notamment au chapitre I, 1, préfère distinguer les deux sortes de causalité que représentent le « par nécessité » et le « en vue de quoi ». Le premier type de causalité et, par là même, d'explication, correspond aux mouvements immanents de la matière, à tout processus dans lequel la cause précède chronologiquement l'effet. En définitive, cette première sorte de causalité recouvre la cause matérielle jointe à la cause motrice, pour autant qu'on considère cette dernière comme indépendante de la cause finale, ce qui ne va pas de soi puisque Aristote affirme ailleurs que les trois dernières causes (motrice, formelle et finale) n'en font qu'une, par exemple lorsqu'un homme engendre un homme (*Physique* II, 7, 198a 24). Cependant, dans les *Parties*, il est clair que tout ce qui a trait aux humeurs et à leur concentration au niveau de tel organe relève de la causalité motrice de la matière, qu'on peut appeler nécessité. Le second type d'explication correspond à la cause finale, qui représente non pas l'origine du mouvement, mais son but, et c'est elle qui, en sa qualité de cause formelle, fournit aux yeux d'Aristote la véritable réponse à la question du « pourquoi » d'une structure ou d'un processus. Elle représente le *logos*[1], qui possède à la fois le sens d'explication, de raison immanente à l'objet, et celui de définition : c'est bien parce que l'homme se définit par telle structure, qu'il possède telles parties et se développe selon telles étapes (640a 33).

La critique d'Empédocle, et des explications de type génétique (la structure d'un animal s'expliquerait par son développement individuel ou par la formation aléatoire des premiers représentants de son espèce), n'a pas pour intention d'exclure toute forme d'explication par des causes antécédentes, mais de montrer que l'explication par la structure est plus importante que l'explication par la genèse. Soutenir en effet que la structure d'un animal ne s'explique que par sa formation, ce serait admettre qu'il devient par hasard ce qu'il est, au mépris de la régularité des formes qu'on observe dans le domaine du vivant : les chiens ne font pas des chats, et même les hybrides (par exemple les mulets), qui ne ressemblent pas strictement à leurs parents, se ressemblent entre eux lorsqu'ils sont issus des mêmes espèces. Il faut donc subordonner l'explication génétique à l'explication par la forme, qui intervient comme cause finale de l'embryogenèse et de la croissance.

Bien qu'il soit authentiquement finaliste, car il suffit pour cela d'admettre la pertinence d'une explication autre que par des causes antécédentes, Aristote affirme qu'il faut s'efforcer autant que possible de recourir aux deux types de causes (642a 14), et il

1. 639b 15.

admet que certains processus et certaines parties ne s'expliquent que par des raisons liées aux mouvements de la matière. C'est le cas de la présence de la bile chez les animaux qui en possèdent (677a 13). D'autres parties n'existent que pour le bien, par exemple les reins et la vessie (670b 23). Notons aussi qu'une même partie, comme la rate, peut être présente par nécessité chez certains animaux, et chez d'autres pour une autre raison (669b 26). Mais dans la plupart des cas, Aristote nous fournit les deux types d'explications, par exemple pour les cheveux de l'homme, qui poussent à cause de l'humidité de son cerveau, mais aussi pour protéger ce dernier des excès du froid et de la chaleur[1]. On remarque aussi que la nature utilise souvent les mêmes parties à plusieurs fins, comme le montre l'exemple de la trompe des éléphants (659a 21), bien qu'elle le fasse seulement lorsqu'elle n'a pas le choix, contrairement à la ferronnerie qui « produit des lampes-broches pour faire des économies » (683a 24).

Lorsque Aristote recourt aux deux types d'explications, il ne les considère pas comme parallèles, ce qui impliquerait qu'elles soient redondantes ou, pire, insuffisantes. En réalité, les deux s'articulent, même s'il ne prend pas la peine de préciser leur lien dans

---

1. « Pour ce qui est de sa tête, l'homme est le plus velu des animaux, par nécessité d'une part, à cause de l'humidité de son cerveau et à cause des sutures (car c'est là où il y a le plus d'humide et de chaud que la pousse est nécessairement la plus importante), d'autre part pour un secours, de façon à ce que les cheveux fournissent un abri protecteur contre les excès du froid et de la chaleur » (658b 3-7).

les cas particuliers. C'est là que son finalisme apparaît en pleine lumière et se révèle plus radical encore que celui de Platon. En effet, alors que Platon se contentait de juxtaposer l'explication par le bien et celle par la nécessité[1], Aristote inscrit en quelque sorte l'explication par les causes motrices à l'intérieur de celle par la cause finale, à travers la théorie de la nécessité hypothétique.

Aristote qualifie de « nécessaire par hypothèse » l'existence d'une matière (ou d'une partie) indispensable à la réalisation d'une forme (ou d'une fonction) donnée. Ainsi, la présence de fer dans la scie est nécessaire par hypothèse, étant donné qu'une scie n'existe comme telle que si elle est faite d'un matériau dur (à supposer que le fer soit le seul matériau dur disponible). D'un point de vue logique, on a bien affaire à une conséquence nécessaire : il est nécessaire que, *s'il est vrai que la scie existera* (hypothèse), du fer soit présent. La conséquence est nécessaire en tant que conséquence (*necessitas consequentiæ*), à défaut de l'être dans l'absolu (*necessitas consequentis*) comme dans le cas des objets mathématiques. Si l'on

1. Cf. *Timée* : « Il est nécessaire que celui qui est amoureux de l'intelligence et de la science poursuive comme premières les causes de la nature raisonnable, et comme secondes, celles qui naissent par l'effet d'autres choses qui sont mues et qui en meuvent d'autres par nécessité. Il nous faut nous aussi procéder de cette manière : si les deux genres de causes sont à énumérer, il faut toutefois étudier séparément celles qui, avec intelligence, sont artisans de choses belles et bonnes, et celles qui, privées de pensée, accomplissent à chaque fois un effet au hasard et sans ordre » (46d-e).

y réfléchit, cette relation hypothétique n'est qu'une traduction de la formule : pour qu'une scie existe, elle doit être en fer. Mais elle permet d'établir un rapport logique de principe à conséquence entre la forme, par ailleurs cause finale, et la matière dans laquelle elle se réalise : c'est une façon d'affirmer l'existence de rapports nécessaires et constants dans un domaine où aucun objet singulier n'existe nécessairement. Cette tentative d'articuler logiquement la fonction et les parties du composé représente un bel effort pour établir une forme de nécessité et de démonstration dans le domaine du vivant, mais elle s'oppose à notre notion intuitive du rapport cause-conséquence : comment un fait futur (en l'occurrence la réalisation d'une fin) pourrait-il constituer la cause de ce qui intervient dans sa réalisation ? S'il reste possible de concevoir des causes simultanées à leur effet, comme dans le domaine des vérités de raison, une cause rétroactive, qui n'existerait donc qu'après ce dont elle est cause, est au contraire inconcevable. Théorisée dans le livre I, la nécessité hypothétique n'intervient toutefois pas explicitement dans la suite du traité, le terme de nécessité étant alors réservé aux mouvements de la matière et au caractère indispensable de la nourriture.

La métaphysique des Parties des animaux

Si on entend par métaphysique toute étude des formes indépendamment de la matière, qu'il s'agisse de formes réellement séparées (cas de la théologie, qu'on appellera plus tard métaphysique spéciale) ou de formes d'un composé (cas de la philosophie première au sens large), le livre I des *Parties* possède une portée métaphysique, dans la mesure où ses analyses jettent un éclairage sur le statut de la forme, c'est-à-dire sur la nature exacte de la distinction entre forme et matière dans la pensée du Stagirite. Ces analyses, souvent parallèles à celles de *Physique* II, représentent plus une réflexion sur la physique qu'une métaphysique, mais elles nous permettent de donner un contenu concret, opératoire, à la notion de forme dans sa différence avec la matière.

Loin d'être conçue comme simple schéma des parties (Aristote affirme contre Démocrite qu'un homme mort n'est pas plus un homme qu'un moulage de main n'est une main), l'âme du vivant représente ce qui fait qu'un organisme est prêt à fonctionner, à accomplir les différentes actions dont ses organes sont, conformément à l'étymologie, les instruments. Au livre I des *Parties*, l'âme est présentée en quelque sorte comme la fonction globale dont le corps serait l'instrument[1]. Comment concilier cette affirmation, qui fait du corps l'instrument de l'âme, avec la théorie dite « hylémorphique » du traité *De l'âme* qui, en son livre II, définit l'âme comme « la forme du corps », immanente à son fonctionnement ? En réalité, c'est précisément parce que l'âme est cause de la vie du corps qu'elle n'est pas le corps comme ensemble de parties, et qu'elle peut en ce sens être distinguée de la structure de ce dernier. Bien qu'Aristote réserve le terme de faculté (*dunamis*) à des fonctions particulières telles que la nutrition, la perception

1. 645b 14-20 (voir *supra*, note 1, p. 13).

ou le mouvement, il ne serait pas illégitime de s'en servir pour éclairer ce qu'il veut dire lorsqu'il définit l'âme comme « l'entéléchie première d'un corps naturel organisé[1] », car cela revient à faire de l'âme la faculté que possède l'organisme d'accomplir l'ensemble de ses fonctions. En effet, l'entéléchie première représente chez lui l'effectivité, non d'un acte qu'on accomplit, mais d'une capacité qu'on est prêt à exercer, comme le montre l'exemple de la science chez le savant qui dort : il la possède pleinement, bien qu'il ne l'exerce pas actuellement. L'âme, immanente au corps, n'est donc pas à proprement parler la vie du corps, mais sa faculté vitale. Pour cette raison, elle est aussi distincte de lui en tant que cause motrice de son fonctionnement, puisque sans ce principe il ne serait qu'une organisation sans effectivité. La notion de faculté permet ainsi de comprendre comment l'âme peut être à la fois immanente au fonctionnement du corps, et distincte de ce dernier comme ensemble de parties.

La thèse de l'éternité des formes, qu'on pourrait être tenté d'assimiler à un simple postulat métaphysique, apparaît plutôt, au livre I des *Parties*, comme un énoncé empirique, puisqu'elle recouvre le constat de la conservation des caractères spécifiques d'une génération à la suivante. En effet, il ne faut pas prendre cette thèse comme signifiant que l'espèce aurait une existence éternelle indépendante des individus qui naissent et meurent : si chaque espèce existe

1. *De l'âme* II, 1, 412b 5.

éternellement (puisque pour Aristote il n'y a ni extinction ni évolution des espèces), elle n'existe qu'en tant qu'elle est la forme des individus qui la réalisent à tour de rôle. Comme la forme est l'essence de chaque individu, les différents membres d'une espèce animale, distincts selon le nombre (on en compte plusieurs), sont néanmoins identiques selon la forme, puisqu'ils sont les réalisations d'un seul et même programme. Autrement dit, la forme n'est pas une entité séparée, elle est ce qui se transmet d'une génération à l'autre ; notons que la différence des sexes n'est pas conçue par Aristote comme une différence d'essence, ce qui veut bien dire que deux individus peuvent avoir la même forme, la même définition scientifique sans être identiques en tous points, ce qui implique que l'identité de forme ou d'espèce entre deux êtres n'est pas proprement une affaire de ressemblance.

Si ce principe est bien explicité au chapitre Θ 8 de la *Métaphysique*, où il s'agit de montrer que l'acte, en l'occurrence l'*eidos* de l'espèce, préexiste chronologiquement aux individus engendrés, au motif que la cause motrice de l'individu engendré est toujours un être qui possède en acte la même forme[1] (ce qui revient à trancher sans ambiguïté le problème de la poule et de l'œuf), il l'est encore mieux au

1. « C'est toujours par le fait d'un être en acte que l'être en acte advient à partir de l'être en puissance, par exemple un homme par le fait d'un homme, l'instruit par le fait de l'instruit, toujours avec quelque chose qui meut en premier » (1049b 24-26).

chapitre I, 1 des *Parties*, où Aristote montre que si l'animal à naître précède sa formation, selon le principe de finalité (c'est la structure qui explique la genèse, et non l'inverse), « il y a, encore antérieur aux deux, ce dont provient la semence » (641b 32), c'est-à-dire les parents adultes, plus précisément le père qui selon Aristote est le seul à transmettre les caractères de l'espèce à travers les mouvements de son sperme.

On voit donc que l'éternité des formes n'est pas autre chose que la transmission de la forme du père à ses enfants. En ce sens, le processus de génération peut être qualifié de reproduction, puisque le père n'est individuellement pour rien dans la nature de ce qu'il transmet : il transmet, certes avec plus ou moins de succès[1], une forme qui n'est la sienne que parce qu'elle est celle aussi de tous les membres de l'espèce.

Pour finir, il reste à examiner comment Aristote conçoit l'articulation entre la zoologie et la philosophie première, en particulier comme théologie. Cette question est difficile, car le texte des *Parties des animaux* n'est pas tout à fait en accord avec la *Métaphysique*. En effet, en 640a 1, Aristote souligne que « le type de démonstration et de nécessité n'est pas le même en science de la nature et dans les sciences théorétiques », au motif que la première fait intervenir

1. Comme le montre l'explication de la génération des filles et de tout enfant qui ressemble plus à la mère qu'au père dans la *Génération des animaux* (IV, 3, 768a 25).

la nécessité hypothétique, alors que les secondes se contentent de démonstrations dont les prémisses sont nécessaires en elles-mêmes. Or si l'on se reporte au chapitre E 1 de la *Métaphysique*, on constate qu'Aristote classe la physique (ou science naturelle) parmi les sciences théorétiques, avec la théologie et les mathématiques, puisque ce n'est une science relative ni à l'action ni à la production (1025b 25). La science naturelle serait donc théorétique dans la *Métaphysique*, mais pas dans les *Parties*. L'hypothèse la plus simple pour lever cette difficulté est sans doute de dire que le terme « théorétique » est pris au sens large dans le premier cas, et en un sens strict dans le second. Si on prend théorétique par opposition à pratique et à productif, des sciences aussi différentes que les mathématiques, la physique et la théologie pourront relever de cette catégorie, dans la mesure où elles visent uniquement la contemplation, la connaissance sans autre but que le plaisir de comprendre. Mais comme le remarquait Aristote dans le même texte (1026a 10), la physique étudie des objets qui ne sont ni séparés ni immobiles (puisque ce sont les formes des êtres naturels, considérées dans leur lien avec la matière), tandis que les autres étudient des objets immobiles, soit réellement séparés dans le cas de la théologie, soit comme s'ils l'étaient (ils ne le sont que par une opération d'abstraction) dans le cas des mathématiques. La marque distinctive d'une science théorétique au sens strict, telle que la théologie, semble bien résider dans l'indépendance de ses objets vis-à-vis de toute matière permettant le devenir (car il existe selon *Métaphysique* Λ 2, 1069b 25, une matière de déplacement pour les êtres éternels que sont les astres). Ainsi, lorsqu'il oppose le mode de démonstration de la physique à celui de la théologie, Aristote considère-t-il sans doute le caractère matériel et périssable des substances sublunaires, en particulier des vivants qui nous entourent. Certes, comme nous l'avons dit, leur anatomie et leurs fonctions peuvent être étudiées *sub specie æternitatis*, d'un point de vue purement synchronique, puisqu'on considère l'individu adulte et qu'il n'y a pas d'évolution. Mais il n'en reste pas moins que ce n'est qu'une perspective particulière, puisque l'animal concret, support de l'espèce, naît, grandit, vieillit et meurt, alors que les substances de la théologie astrale sont absolument exemptes de changement.

En ce qui concerne la différence axiologique, et non plus simplement épistémique, entre l'étude des vivants sublunaires et la théologie (autre forme de zoologie puisque le divin est désigné comme *zôion* au chapitre Λ 7 de la *Métaphysique*), après avoir souligné que l'étude des êtres célestes l'emporte par son charme sur celle des plantes et des animaux périssables qui nous entourent, laquelle ne lui est supérieure que par la quantité d'informations précises dont elle dispose, Aristote, dans le très beau passage du chapitre I, 5 des *Parties*, fait observer que cette dernière science possède un certain charme, en utilisant un argument qui relève de l'esthétique : puisque nous éprouvons du plaisir à reconnaître le travail de l'artiste dans la représentation d'un animal, à plus forte raison devrions-nous en éprouver lorsque nous saisissons les causes naturelles qui sont à l'œuvre dans la production de ce modèle lui-même (645a 10).

Cet argument est à rapprocher de la remarque de la *Poétique* selon laquelle nous avons du plaisir à regarder des charognes en peinture, alors que l'original nous dégoûte[1]. Le plaisir esthétique n'est pas tant un plaisir pris à la reconnaissance du modèle, que le plaisir de saisir le processus à l'œuvre dans le produit, qu'il soit artistique ou naturel.

En fait, le plaisir que nous procure, selon Aristote, l'étude des vivants sublunaires, n'est pas seulement ce plaisir de rapporter le produit à ses causes, mais peut-être aussi, plus fondamentalement, celui de reconnaître la finalité de l'organisme, en tout cas l'adaptation des parties à leur fonction, une beauté dont la perception exclut toute impression de hasard, et qui dans cette mesure se rapproche de la perfection des divinités astrales. « Même ici, il y a des dieux », aurait dit Héraclite à des curieux qui se demandaient s'il valait la peine de visiter sa cuisine. Si toute la richesse de l'aristotélisme n'apparaît pas dans *Les Parties des animaux*, qu'on pourrait être tenté de reléguer au rang de cuisine ou de dépendance, sa lumière ne manque pas de s'y diffuser ; mais cette lumière que nous attribuons aux textes proprement spéculatifs ne tire-t-elle pas son éclat de l'attention du Stagirite à la diversité et à la complexité des phénomènes du vivant ?

Frédéric GAIN.

1. Chapitre 4 (1448b 9).

NOTE SUR LE TEXTE

Selon Pierre Louis, dernier éditeur en date du texte grec (Paris, Les Belles Lettres, 1957), nous disposons de 27 manuscrits du traité, dont 10 sont des originaux, c'est-à-dire ne sont pas la copie d'un autre manuscrit connu. Ces manuscrits, dont le plus ancien (E) est daté du Xe siècle, et le plus récent (Π) du XVe, se répartissent en deux familles. L'une, que nous appellerons branche a, comprend trois couples « nettement distincts » (pour reprendre les qualificatifs de Pierre Louis dans son introduction) : E (*Parisinus græcus* 1853) et Y (*Vaticanus græcus* 261), P (*Vaticanus græcus* 1339) et Π (*Parisinus græcus* 1864), Z (*Oxoniensis Corporis Christi* 108) et Δ (*Parisinus suppl. græcus* 333). Quant à la branche b, elle comprend trois manuscrits « assez proches les uns des autres » : U (*Vaticanus græcus* 260), S (*Laurentianus* LXXXI-1) et Σ (*Parisinus græcus* 1863). Comme notre but n'est pas de proposer une nouvelle édition du texte, mais seulement une traduction qui tienne compte des différentes leçons des manuscrits, nous nous contenterons ici de noter que le manuscrit E, le plus ancien et sans doute le plus fidèle à son original, cesse d'être utile à partir de 680b 36 (dernier tiers de IV, 5), et que le manuscrit Y, qui le seconde, laisse place à un texte manifestement remanié de 691b 28 à 695a 27 (soit du dernier tiers de IV, 11 à la fin de IV, 12).

Nous avons reproduit la numérotation des lignes de l'édition des Belles Lettres, bien qu'elle présente parfois des écarts de deux lignes par rapport à l'édition standard (Bekker).

Le texte grec ne comporte aucun intertitre ; quant à la division en chapitres, elle n'est pas de la main d'Aristote.

LES PARTIES DES ANIMAUX

PRÉAMBULE

Nécessité d'une méthodologie

I, 1

[639a] Dans toute étude ou recherche suivie, modeste ou élevée, il y a manifestement deux manières de procéder : l'une qu'il convient de nommer science de l'objet, l'autre qui est, disons, une sorte de culture. Car il appartient à l'homme cultivé de pouvoir juger avec justesse de ce que l'orateur explique bien ou non. Nous estimons, en effet, que l'homme de culture générale est cette sorte de personne, et que la culture est la capacité de faire ce que nous venons de dire. Sauf que ce dernier, estimons-nous, est capable de juger individuellement sur tous les sujets, alors que l'autre l'est sur une certaine nature délimitée : une autre personne pourrait être dans la même disposition au sujet d'une partie.

Par là même il est clair que, dans l'enquête sur la nature, doivent exister certaines définitions[1] qui

---

1. Le terme ὅρος est souvent utilisé par Aristote comme un équivalent de ὁρισμός (« définition »). Mais dans le présent permettent à celui qui s'y rapporte d'admettre la manière dont l'objet est expliqué, indépendamment de la question de la vérité, qu'elle soit ainsi ou autrement. Je m'explique : faut-il prendre chaque essence isolément pour apporter les précisions qui la concernent, par exemple pour la nature de l'homme, du lion, de la vache ou de n'importe quel autre animal, en les abordant un par un, ou bien le faire en rapportant à un terme commun les propriétés qu'ils partagent tous ? Car beaucoup de propriétés identiques se retrouvent chez des animaux qui sont pourtant de genres différents, comme le sommeil, la respiration, la croissance, la diminution, la mort, auxquelles s'ajoutent d'autres affections et dispositions de même sorte : ce serait parler de façon obscure et confuse que de s'exprimer maintenant sur ces sujets. Mais il est manifeste que, lorsque nous parlerons de ces nombreux sujets particuliers, nous dirons plusieurs fois la même chose : car chacune des propriétés susdites appartient aux chevaux, chiens et hommes, si bien que celui qui parle de chacune de ces propriétés ne pourra s'empêcher de mentionner ces choses qui, sans présenter elles-mêmes aucune différence, appartiennent à des animaux de forme différente. Mais sans doute en est-il d'autres qui se trouvent posséder la même appellation [639b] tout en présentant une différence spécifique, telle la marche des animaux : elle ne présente manifestement pas de forme unique, car voler, nager, marcher et ramper ne sont pas la même chose.

---

contexte, il s'agit plutôt de critères méthodologiques (« repères ») que de définitions au sens strict.

Pour cette raison, il ne faut pas négliger la question de la méthode : faut-il mener d'abord une étude commune, par genres, pour en venir ensuite aux caractères propres, ou bien commencer par le particulier ? Pour l'heure, cette question n'a pas été tranchée, et ce que nous allons dire ne permettra pas de le faire : est-ce comme les mathématiciens exposent les questions astronomiques, que le naturaliste doit, après avoir étudié dans un premier temps les faits observables et les parties de chaque animal, exposer ensuite le pourquoi et les causes, ou doit-il procéder autrement ?

L'explication en science naturelle

En outre, puisque nous constatons plusieurs causes dans le domaine de la génération naturelle, par exemple le « en vue de quoi » et « l'origine du mouvement », il faut déterminer laquelle est première, laquelle est seconde. Manifestement, la première est celle que nous appelons « en vue de quoi » : car elle est la raison[1], et la raison est principe aussi bien dans les produits techniques que dans les produits de la nature. En effet, une fois que, par la réflexion ou la perception, le médecin a défini la santé, l'architecte la maison, ils donnent les raisons et les causes de ce qu'ils produisent chacun, et disent pourquoi il faut faire ainsi. Mais le « en vue de quoi », ou le beau, se rencontre dans les œuvres de la nature plutôt que dans celles de la technique.

---

1. Le terme est λόγος, qui peut désigner l'explication d'une chose, mais aussi sa définition.

Quant au « par nécessité », il n'appartient pas de la même façon à tous les êtres naturels, même si tous les penseurs ou presque tentent d'y ramener leurs explications, sans distinguer en combien de sens le nécessaire se dit. Le nécessaire au sens propre appartient aux êtres éternels, alors que le nécessaire par hypothèse appartient à tous les êtres en devenir, comme c'est le cas dans le domaine des artefacts, par exemple une maison ou n'importe quel autre. Il est nécessaire, si ce qui doit être est une maison ou quelque autre but, que telle matière soit disponible ; et que tel phénomène et tel mouvement se produisent, puis tel autre, et c'est de cette manière que chaque chose se produit et existe jusqu'à ce qu'on atteigne le but et le « en vue de quoi ». Il en va de même dans les phénomènes naturels.

Mais **[640a]** le type de démonstration et de nécessité n'est pas le même en science de la nature et dans les sciences théorétiques. Nous avons parlé de ces questions dans d'autres ouvrages[1]. Car dans certains cas, le principe est ce qui est, dans d'autres, ce qui sera : il est nécessaire, puisque la santé ou l'homme est telle sorte de chose, que telle chose existe ou se produise, mais ce n'est pas parce que cela existe ou s'est produit que, par nécessité, les précédents existent ou existeront. Et il n'est pas possible de reconduire éternellement la nécessité d'une démonstration telle qu'elle permettrait de dire que ceci existe parce que cela existe. Nous avons apporté des précisions là-dessus dans d'autres ouvrages : à quels êtres

1. Voir *Physique* II, 9.

appartient ce type de nécessité, dans quels cas elle est réciproque et pour quelle raison[1].

Il ne faut pas négliger le point suivant. Faut-il parler comme ceux qui nous précédèrent dans cette étude, en se demandant comment chaque être naît plutôt que comment il est ? Car entre les deux approches la différence est loin d'être mince. Il semble qu'il faille commencer par là, comme nous l'avons dit plus haut : d'abord relever les faits concernant chaque genre, puis énoncer leurs causes de la manière dite, et parler de leur génération : car pour la construction d'une maison, telles choses se produisent parce que la forme de la maison est telle, plutôt que la maison n'est telle parce qu'elle se forme ainsi. Car la génération est en vue de l'essence, non l'essence en vue de la génération. Aussi Empédocle n'a-t-il pas parlé correctement lorsqu'il a dit que beaucoup de caractères appartiennent aux animaux parce que tel phénomène s'est produit pendant leur génération : par exemple, qu'ils possèdent une épine dorsale de telle sorte parce qu'il lui est arrivé d'être brisée par torsion, ignorant tout d'abord que la semence constituée[2] doit se présenter avec une puissance bien précise, deuxièmement que le facteur

---

1. Voir *Génération et corruption* II, 11 ; *Seconds analytiques* II, 12. **2.** Nous rejetons la correction de Platt. Tous les manuscrits portent le participe aoriste actif συστὰν, à valeur d'état (la semence constituée), et non le participe présent moyen συνιστὰν (la semence constituante). Dans tout le livre I, nous avons choisi de traduire σπέρμα par « semence », car Aristote n'insiste pas seulement sur sa provenance (le mâle) mais aussi sur son résultat au cours du processus de génération.

déclenchant doit préexister non seulement selon l'ordre des raisons, mais aussi selon celui du temps. Car un homme engendre un homme, si bien que c'est parce que le premier est ainsi constitué que la formation du second se produit ainsi[1]. Il en va de manière semblable pour les êtres qui passent pour naître de façon spontanée et pour les artefacts : car certains produits spontanés sont identiques à ceux de la technique, par exemple la santé. Pour ces derniers, préexiste un facteur qui leur est semblable, comme l'art de fabriquer des statues : ils ne se forment pas spontanément. La technique est la raison de l'ouvrage, raison qui existe sans la matière. Et il en va de même pour les produits du hasard[2] : ils se produisent selon le même rapport que celui de la technique. Aussi faut-il parler surtout de la façon suivante : puisque c'est cela être un homme, pour cette raison il possède telles parties ; car il ne peut pas être sans les parties en question. À défaut, il doit en posséder d'aussi approchantes que possible, soit pour la raison générale que c'est impossible autrement, soit parce que la bonne disposition **[640b]** est celle-là. Ces choses suivent : puisque c'est un être de cette sorte, il faut que sa formation ait lieu ainsi et soit telle. C'est pourquoi telle partie se forme

---

1. La majorité des manuscrits portent ici la leçon συμβαίνει τοιάδε τῷ εἴδει (« la formation du second se produit selon telle forme »). **2.** Nous rejetons l'addition de Düring : καὶ τοῖς ἀπὸ < τέχνης τὰ ἀπὸ > τύχης ὁμοίως, qui donnerait : « et il en va de même pour les produits du hasard que pour ceux de la technique ».

d'abord, puis telle autre. Et c'est bien de cette manière qu'il en va pour les êtres naturels, de façon semblable pour tous.

Or les Anciens qui se sont mêlés les premiers de philosophie naturelle, ont examiné le principe matériel et cette sorte de cause : quelle sorte de chose c'est, comment le tout se forme à partir de lui et mis en mouvement par quoi, que ce soit par la haine, l'amour, l'intellect ou la spontanéité ; la matière sous-jacente présente par nécessité telle nature déterminée, chaude pour le feu, froide pour la terre, légère pour l'un, lourde pour l'autre. C'est ainsi qu'ils font exister l'ordre du monde[1]. Ils disent des choses semblables au sujet de la formation des animaux et des plantes, par exemple que l'estomac s'est formé par un écoulement d'eau dans le corps, comme c'est aussi le cas de tout ce qui reçoit nourriture ou surplus, ou encore que la circulation du souffle a creusé les narines. L'air et l'eau sont la matière des corps : car c'est à partir de tels corps que tous composent la nature. Or si l'homme et les animaux, comme leurs parties, sont des êtres naturels, il faut sans doute parler de la chair, de l'os, du sang et de tous les homéomères[2], et pareillement des anhoméomères, comme le visage, la main, le pied, de la manière dont chacun est ce qu'il est, en vertu de quelle puissance. Car il ne suffit pas de mentionner de quoi c'est fait, par exemple de feu et de terre : si nous devions parler d'un lit ou d'une autre chose de

1. Le cosmos, monde ordonné. 2. Corps constitués de parties semblables au tout.

cette sorte, nous chercherions à déterminer **[25]** sa forme plutôt que sa matière, par exemple bronze ou bois, ou du moins la matière du composé : car un lit est ceci dans cela, ou ceci de cette sorte-ci ; par là même, lorsqu'il faut parler de la figure, il faut dire quelle est sa structure. Car la nature selon la configuration est plus importante que la nature matérielle.

Si donc c'est par sa figure et sa couleur **[30]** qu'existe chaque animal, et chacune de ses parties, Démocrite s'est sans doute exprimé correctement, car il paraît avoir adopté une telle conception. Il affirme en tout cas que la configuration de l'homme est claire pour n'importe qui, puisqu'il nous est connu par sa figure et sa couleur. Mais même un homme mort présente une configuration, une figure identique[1], **[35]** alors même qu'il n'est plus un homme. De plus, il est impossible qu'existe une main faite de n'importe quoi, par exemple en bronze ou en bois, si ce n'est par homonymie, **[641a]** comme le médecin en peinture. Car elle ne pourra pas accomplir sa fonction, pas plus que des flûtes en pierre ou que le médecin en peinture. Pareillement, aucune des parties de l'homme mort n'en est encore une, **[5]** par exemple un œil ou une main. Il s'est donc exprimé trop simplement, comme un menuisier qui parlerait d'une main en bois. Car c'est ainsi que les naturalistes parlent de la formation et des causes de la figure : elles ont été manœuvrées par certaines puissances. Mais c'est d'une manière équivalente que le menuisier

1. Littéralement : « une configuration identique de sa figure » (τὴν αὐτὴν τοῦ σχήματος μορφήν).

invoquera l'action d'une hache ou d'une tarière, et l'autre, l'air et la terre, sauf que le menuisier parle mieux : il ne se contentera pas de dire que le choc de l'outil a produit ici un trou, et là une surface plane, mais en disant pourquoi il a donné tel coup, c'est-à-dire en vue de quoi, il en donnera la cause, à savoir pour que telle ou telle configuration se produise.

Il est donc clair qu'ils ne parlent pas correctement, et qu'il faut partir du principe que l'animal est une chose de cette sorte, pour dire de lui ce qu'il est et ses qualités, ainsi que pour ses parties, comme on le ferait pour la forme du lit. Et si cette chose est une âme, une partie d'âme ou quelque chose qui n'existe pas sans une âme (lorsque cette dernière s'en va, en tout cas, il n'y a plus d'animal et aucune partie ne subsiste identique, si ce n'est par sa simple figure, comme dans les histoires de pétrification), si donc il en va ainsi, c'est sans doute au naturaliste que reviendront le discours et le savoir sur l'âme, sinon sur toute, au moins sur ce qui permet à l'animal d'en être un, et c'est à lui qu'il appartiendra de dire ce qu'est l'âme, ou justement cette partie, et de parler de ses propriétés essentielles, puisque la nature se dit et existe notamment en deux sens : comme matière et comme essence. Et cette dernière existe à la fois comme moteur et comme fin. Ce qui joue ce rôle pour l'animal, c'est soit l'âme tout entière, soit une partie d'elle. Par là même, celui qui étudie la nature doit sans doute parler de l'âme plutôt que de la matière, dans la mesure où c'est grâce à elle que la matière est une nature plutôt que l'inverse.

Car le bois n'est un lit ou un trépied que parce qu'il est en puissance ces choses.

Considérant ce qui vient d'être dit, on pourrait se demander s'il appartient à la science naturelle de traiter de toute âme ou d'une âme bien précise. **[35]** Car si c'est de toute âme, il ne reste aucune place pour la philosophie à côté de la science naturelle. En effet, l'intellect porte sur les intelligibles. Par là même, **[641b]** la connaissance de la nature pourrait bien porter sur tout : car c'est une même science qui doit traiter de l'intellect et de l'intelligible, s'il est vrai que ce sont des relatifs, et pour tous les relatifs, c'est la même science qui s'occupe des deux, comme pour la sensation et les sensibles. Ou alors ce n'est pas toute l'âme qui est **[5]** principe de mouvement, en toutes ses parties, mais la partie qu'on trouve aussi chez les plantes est principe de croissance, la partie sensitive, principe d'altération, tandis qu'une autre, distincte de la partie intellective, est principe de déplacement : car le déplacement existe aussi chez d'autres animaux, mais pas la réflexion. Il est donc clair qu'il ne faut pas parler de toute âme : car toute l'âme n'est pas une nature, **[10]** mais seulement une ou plusieurs de ses parties.

De plus, il n'est pas possible que la science naturelle ait à étudier un quelconque des objets d'abstraction, puisque la nature produit toujours en vue d'un but. Car de même que la technique existe dans le domaine des artefacts, il est manifeste qu'il existe dans les choses mêmes un autre principe ou cause de cette sorte, que nous saisissons **[15]** de la même manière que le chaud et le froid à partir du tout.

Aussi est-il plus vraisemblable que le ciel se soit formé par l'action d'une telle cause, s'il s'est formé, et qu'il existe par une telle cause, que cela ne l'est pour les animaux mortels : indéniablement, l'ordre et la détermination se manifestent beaucoup plus parmi les corps célestes qu'à notre niveau, alors que **[20]** la variation et le hasard se rencontrent plus au niveau des mortels.

D'autres affirment que chaque animal existe et se forme par nature, mais que c'est par hasard et spontanéité que le ciel s'est constitué tel qu'il est, lui qui ne manifeste aucune trace de hasard et de désordre. Qu'une chose soit en vue d'une autre, nous le disons partout où apparaît une fin **[25]** à laquelle le mouvement aboutit lorsque rien n'y fait obstacle. Par là même, il est manifeste qu'il existe un tel but, ce que nous appelons nature. Car de chaque semence ne provient pas n'importe quoi, mais tel vivant de telle semence, et n'importe quelle semence ne provient pas de n'importe quel corps. La semence est donc un principe, elle produit ce qui en est formé. **[30]** Ces êtres sont par nature, puisqu'ils se développent à partir de cela. Mais l'être dont c'est la semence[1] est encore antérieur à cela : la semence représente le devenir, alors que le but représente l'essence. Et il y a, encore antérieur aux deux, ce dont provient la semence[2]. Car la semence existe en deux sens : soit selon la provenance, soit selon le but ; car ce dont

1. Le génitif sert à désigner l'animal à naître. **2.** Il s'agit ici de l'espèce, préexistante à travers les parents. La provenance est signifiée par la préposition ἀπὸ suivie du génitif.

elle provient, elle en est la semence, par exemple semence d'un cheval, et elle est aussi **[35]** semence de ce qui existera à partir d'elle, par exemple semence de mulet, d'une manière qui n'est pas la même mais que nous avons indiquée pour chacun des cas. De plus, la semence existe en puissance, **[642a]** et nous savons quel est le rapport entre puissance et entéléchie.

Il y a donc deux sortes de causes : le « en vue de quoi » et le « par nécessité ». En effet, beaucoup de choses se produisent parce que c'est nécessaire. Mais sans doute pourrait-on se demander à quelle sorte de nécessité se réfèrent ceux qui disent « par nécessité » : car **[5]** il ne saurait s'agir ici d'aucun des deux types que nous avons définis dans nos leçons sur la philosophie[1]. Mais du moins dans le domaine des êtres sujets au devenir, il en existe un troisième : car nous disons que la nourriture est une chose nécessaire, non pas en un de ces deux sens, mais au sens où il n'est pas possible d'exister sans elle. C'est comme par hypothèse : de même que, puisqu'il faut **[10]** fendre avec la hache, il est nécessaire qu'elle soit dure, et que, si elle doit être dure, il est nécessaire qu'elle soit en bronze ou en fer, ainsi, puisque le corps est un instrument (chacune de ses parties existe en vue d'un but, et il en va de même pour l'ensemble), il est par conséquent nécessaire qu'il soit de telle sorte et formé de telles parties, s'il doit être cela.

---

1. Il s'agit sans doute d'une allusion à un ouvrage perdu, car le chapitre Λ7 (1072b 11) de la *Métaphysique* (tout comme Δ5) distingue plus de deux types de nécessité.

Il y a donc deux types de causes, et il faut autant que possible, au cours de l'exposé, recourir aux deux, ou à défaut, c'est clair, s'efforcer de le faire ; tous ceux qui ne parlent pas ainsi ne disent pratiquement rien de pertinent au sujet de la nature : car la nature est principe plus que ne l'est la matière.

En certains passages, même Empédocle tombe sur elle, conduit par la vérité elle-même, et il est alors obligé d'affirmer que la définition[1] représente l'essence et la nature, par exemple lorsqu'il explique ce qu'est l'os : car il ne dit pas que ce soit un des éléments, ni deux ni trois ni tous, mais que c'est la proportion[2] de leur mélange. Il est donc clair que la chair aussi existe de la même manière, comme chacune des parties de cette sorte. La cause du fait que nos prédécesseurs n'en soient pas venus à ce type de cause, c'est qu'on ne connaissait pas l'être essentiel et qu'il n'était pas possible de définir l'essence ; le premier à atteindre ce type de cause fut Démocrite, non qu'il pensât qu'elle fût nécessaire à l'étude de la nature, mais parce que la chose même l'y entraînait ; du temps de Socrate, cette recherche s'intensifia, mais on abandonna les recherches sur la nature, et ceux qui se mêlaient de philosophie se tournèrent vers la vertu utile et la politique.

Il faut démontrer de la façon suivante : dire par exemple que la respiration existe dans tel but, et que ce phénomène se produit par nécessité pour telles raisons. Dans certains cas, la nécessité signifie que

---

1. Le terme est λόγος (raison, explication, définition, proportion). **2.** Le terme est encore λόγος.

si tel est bien le but[1], la chose doit nécessairement présenter telles parties, et dans d'autres cas, que les choses sont ainsi disposées naturellement. **[35]** Il est nécessaire en effet que le chaud s'échappe et revienne en faisant obstacle, et que l'air s'introduise. Voilà déjà une chose nécessaire. **[642b]** D'autre part, comme la chaleur interne exerce une résistance, c'est au cours d'un refroidissement que l'air externe fera son entrée, et l'autre sa sortie[2]. Voilà donc de quelle manière il faut mener une recherche suivie, et de quelle sorte d'êtres il faut saisir les causes.

Critique de la méthode de définition par dichotomie

I, 2

[5] Il y en a qui appréhendent les singuliers en divisant le genre en deux différences. Or procéder ainsi n'est pas facile, et peut même se révéler impossible. Car dans certains cas il peut n'y avoir qu'une différence[3], les autres étant superflues, par exemple pour « pourvu de pieds », « bipède », « à pieds

---

1. Littéralement : « si le "en vue de quoi" doit être cela ». **2.** Alors que le texte de Michel d'Ephèse ne parle que d'entrée, tous les manuscrits, sauf E^1 (qui parle de sortie d'air externe), parlent à la fois d'entrée et de sortie. **3.** Διαφορά chez Aristote doit s'entendre, non comme la *différence entre* x et y, mais comme la *différence de* x par rapport à y. On peut parler de différence spécifique, différence propre d'une espèce par rapport aux autres au sein d'un genre.

fendus », ou « sans pieds »[1] : seule la dernière est importante. Autrement, il sera nécessaire de mentionner plusieurs fois la même chose.

De plus, il convient de ne pas éparpiller chaque genre, par exemple en mettant certains oiseaux dans une division, les autres dans une autre, comme sont faites les divisions qu'on dessine, où certains oiseaux se retrouvent avec les animaux aquatiques, d'autres dans un genre différent. Or c'est en vertu de telle similitude bien précise qu'on attribue le nom d'oiseau, et en vertu d'une autre le nom de poisson. D'autres différences n'ont pas de nom, comme celle de « sanguin » et de « non-sanguin » : car il n'existe pas de terme unique qui s'appliquerait à chacun des deux.

Ainsi, puisqu'il ne faut en aucun cas disperser des animaux de même espèce, la division binaire pourrait bien n'être qu'une vaine méthode, car lorsqu'on divise de cette manière, on est nécessairement amené à séparer et à éparpiller : c'est ainsi que certains poulpes se retrouvent avec les animaux qui vivent au sol, et d'autres avec les aquatiques.

I, 3

De plus, si c'est au moyen d'une privation qu'il faut nécessairement diviser, et que divisent ceux qui

---

1. Certains manuscrits ne comportent pas le ἄπουν, et s'arrêtent donc à « à pieds fendus ». Mais on peut considérer que l'absence de pieds constitue elle aussi une différence spécifique (par exemple chez les serpents).

procèdent par dichotomie, il n'y a toutefois pas de différence qui porte sur une privation en tant que privation : car il est impossible qu'il y ait des formes du non-être, par exemple du « sans pieds » ou de l'« aptère » comme il y en a du « ailé » et du « pourvu de pieds ». Mais il faut **[25]** qu'il y ait des formes de la différence universelle[1] : car s'il n'y en avait pas, pour quelle raison ferait-elle partie des universels et non des singuliers ? Certaines différences sont universelles et ont plusieurs formes, par exemple la possession d'ailes : car on peut avoir des ailes en les ayant indivises ou fendues. Pareillement, on peut posséder des pieds en les ayant soit à plusieurs fentes, soit fendus en deux, comme les bifurqués, soit encore **[30]** non fendus et indivis, comme les solipèdes.

Ainsi, il est difficile de classer les animaux dans des différences dont il existe des formes, de sorte que tout animal y trouve sa place et ne se retrouve pas dans plusieurs, comme dans « ailé » et « aptère » (un même animal peut être l'un et l'autre, par exemple la fourmi, le ver luisant et quelques autres), mais **[35]** ce qu'il y a de plus difficile, voire d'impossible, est de classer en opposés[2]. Car il est nécessaire que chaque différence appartienne à un singulier, de sorte que la **[643a]** différence opposée devra appartenir elle aussi à un autre. Or s'il ne se peut pas qu'une

1. C'est-à-dire : qui n'est pas la dernière différence (différence ultime) mais qui distingue un genre d'un autre. 2. Nous adoptons la correction de Titze : εἰς τὰ ἀντικείμενα (« en opposés ») ; tous les manuscrits donnent curieusement εἰς τὰ ἄναιμα (« dans le domaine des non-sanguins »).

forme essentielle une et indivisible appartienne à des animaux de forme différente, ces derniers, en réalité[1], présenteront toujours une différence, comme l'oiseau par rapport à l'homme, dont la bipédie n'est pas la même mais différente ; et même entre sanguins, le sang est différent, à moins qu'on considère que le sang ne fait pas partie de l'essence ; mais dans ce cas, une même différence appartiendra à deux animaux ; or s'il en est ainsi, il est clairement impossible qu'une privation constitue une différence.

Il y aura autant de différences que d'animaux individuels[2], si l'on suppose qu'ils sont indivis, eux et leurs différences, et qu'il n'existe pas de différence commune. Et s'il se peut qu'il n'existe pas[3] de différence commune, mais une différence indivise, il est clair que c'est bien à cause d'une différence commune que des animaux font partie d'un même genre alors qu'ils sont de forme différente. Par là même, il est nécessaire que, si les différences sous lesquelles tombent tous les individus sont des propres, aucune d'entre elles ne puisse être commune. Sinon, des êtres qui diffèrent iront se ranger sous la même. Or il ne faut, ni qu'un même individu aille se ranger sous une autre différence que celles de la division, ni que des animaux différents aillent se

1. Le terme est ἀλλὰ, qui signifie généralement « mais ».
2. « Individuel » (ἄτομος) doit s'entendre ici non au sens d'unité numérique, mais au sens d'unité spécifique : l'animal individuel désigne ici l'espèce.
3. Les éditeurs supposent couramment une lacune à cet endroit. Toute cette première partie de phrase est incertaine.

ranger sous la même, ce qui supprimerait les différences.

Il est donc manifeste qu'il ne faut pas classer les formes indivisibles comme le font ceux qui appliquent la division binaire aux animaux ou à n'importe quel genre. Car selon eux, il serait nécessaire que les différences ultimes soient aussi nombreuses que tous les animaux de forme indivisible. Étant donné tel genre déterminé, dont la première différence est blanc ou non avec d'autres différences de chaque côté, et ainsi de suite jusqu'à ce qu'on atteigne les individus, les différences finales seront quatre ou un autre multiple de deux : quantité égale à celle des formes. La différence, c'est la forme dans la matière ; et il n'est pas vrai qu'une partie d'animal puisse exister sans matière, ni la matière exister seule : car alors l'animal ne serait pas un corps intègre, et n'aurait aucune partie, comme nous l'avons dit à maintes reprises.

De plus, il faut diviser en se servant des propriétés essentielles, et non des accidents par soi, comme le ferait quelqu'un qui diviserait les figures en se fondant sur le fait que les unes ont leurs angles égaux à deux droits, et les autres à un angle supérieur : car c'est un accident pour le triangle d'avoir ses angles égaux à deux droits.

De plus, il faut diviser en se servant des opposés. Car les opposés sont différents les uns des autres, par exemple la couleur blanche et la couleur noire, le droit et le courbe. Or s'ils sont différents les uns des autres, il faut diviser en se servant de l'opposé et non en se servant dans un cas de la courbure, dans l'autre de la couleur.

[35] En outre, il faut diviser les êtres animés, eux du moins, en se fondant sur les fonctions communes au corps et à l'âme, par exemple, comme nous venons de le dire, **[643b]** en animaux qui marchent et en animaux qui volent. Il existe en effet des genres auxquels ces deux attributs appartiennent, et ils volent tout en étant aptères, comme le genre des fourmis. Quant à diviser en se servant de « sauvage » et « domestique », cela pourrait pareillement laisser penser qu'on divise une seule et même forme. Car [5] pratiquement tous les animaux qu'on trouve à l'état domestique existent aussi à l'état sauvage, par exemple les hommes, les chevaux, les vaches, les chiens d'Inde, les porcs, les chèvres, les moutons : chacun d'eux, s'il possède le même nom que l'autre, ne saurait être classé séparément dans la division, et s'ils sont de même forme, « sauvage » et « domestique » ne peuvent plus constituer des différences.

De manière générale, voilà ce qui arrive [10] inévitablement lorsqu'on divise selon une différence unique, quelle qu'elle soit[1]. En réalité, il faut s'efforcer de classer les animaux par genre, en suivant la voie tracée par le peuple lorsqu'il délimite le genre oiseau et le genre poisson. Chaque genre se définit par plusieurs différences, et non selon la méthode de division binaire. Car avec cette méthode, ou bien il

1. Les différentes leçons convergent vers le féminin ὁποιαοῦν (ou ὁποιαιοῦν selon le texte de E, peut-être retravaillé).

est absolument impossible de classer (le même animal tombe dans plusieurs divisions, et les contraires dans la même), ou bien il n'y aura qu'une seule différence, et ce sera cette différence qui, soit simple, soit par combinaison, constituera la forme finale. Et au cas où on ne prendrait pas une différence de différence, il sera nécessaire d'unifier la définition comme par un lien pour rendre la division continue. Je m'explique : ceux qui divisent en « aptère » et en « pourvu d'ailes », sont amenés à diviser le « pourvu d'ailes » en domestique et sauvage, ou en blanc et noir ; or ni « domestique » ni « blanc » ne constituent une différence au sein du « pourvu d'ailes », mais ils sont principes d'une autre différence, cette fois par accident. Aussi faut-il se servir directement de plusieurs différences pour diviser un même genre, comme nous le disons. Car selon notre méthode, les privations produiront une différence, alors que dans la méthode de division binaire elles n'en produiront pas.

Qu'il ne soit pas possible de saisir aucune forme singulière lorsqu'on divise le genre en deux, comme se le sont figuré certains, ressort manifestement de ce qui suit. Il est en effet impossible qu'il existe une unique différence pour des termes qu'on divise un par un, qu'on les prenne simples ou combinés. Je les appelle simples lorsqu'ils ne contiennent pas de différence, comme la division du pied, et combinés lorsqu'ils en contiennent une, par exemple le « fissipède » par rapport au « à pieds fendus »[1]. Car la continuité

1. Les fissipèdes (ou polydactyles) ont plusieurs fentes aux pieds, alors que les bifurqués n'en ont qu'une.

des différences issues du genre par division exige cela, parce que le tout est un, mais, [35] contrairement à l'usage ordinaire, seule la dernière différence s'avère en être une, par exemple « fissipède » ou « bipède » : « pourvu de pieds » [644a] et « à plusieurs pieds » sont superflus. Il est clairement impossible qu'il y ait plusieurs différences de cette sorte : car c'est en progressant toujours qu'on arrive à la différence ultime, ce qui ne veut pas dire qu'on arrive à la différence finale, c'est-à-dire la forme. Cette dernière est ou bien le « à pieds fendus » seulement, ou bien toute la combinaison : [5] par exemple, s'il fallait diviser « homme », on assemblerait « pourvu de pieds », « bipède », « à pieds fendus ». Et si l'homme était le seul animal à pieds fendus, cette différence se révélerait la seule. Or comme ce n'est pas le cas, il est nécessaire qu'il y ait plusieurs différences qui ne tombent pas sous une unique division. Mais il n'est pas possible que pour un même animal il y ait plusieurs différences sous une seule et même division binaire ; il [10] faut se borner à une différence par division binaire.

Par là même, il est impossible de classer aucun animal singulier lorsqu'on divise en deux.

La bonne méthode de définition

I, 4

On pourrait se demander pour quelle raison les hommes n'ont pas depuis toujours regroupé les animaux aquatiques et ceux qui volent dans un seul genre pour les désigner tous d'un terme unique. **[15]** Car ces animaux ont des propriétés communes entre eux, et même avec tous les autres. Néanmoins, on a bien fait de délimiter les genres de cette manière : on a fait dépendre d'un même genre ceux qui ne présentent qu'une différence quantitative, selon le plus et le moins, et on a classé séparément ceux qui entretiennent un rapport d'analogie. Je m'explique : un oiseau diffère d'un oiseau **[20]** selon le plus et le moins, selon l'excès et le défaut (l'un a de grandes ailes, l'autre de petites ailes), alors que le genre des poissons diffère du genre oiseau selon un rapport d'analogie (la plume est à l'un ce que l'écaille est à l'autre).

Il n'est pas facile de faire cela pour tous, car beaucoup d'animaux sont sujets à la même analogie. Et puisque les formes ultimes représentent les essences, bien qu'elles ne présentent pas de différence de forme, **[25]** comme Socrate et Coriscus, il est nécessaire, soit de mentionner d'abord les attributs universels, soit de se répéter, comme nous l'avons dit plus haut. Les attributs universels sont communs : nous appelons en effet universels ceux qui appartiennent à de multiples êtres. Desquels il faut s'occuper, voilà une question embarrassante. Car dans la mesure où l'essence est ce qui est indivisible de forme, **[30]** il vaudrait mieux, autant que possible, étudier séparément les singuliers, indivisibles de forme : il ne faudrait pas [1] étudier l'oiseau comme on étudie l'homme,

1. Cette négation ne se trouve pas dans les manuscrits (correction de Bonitz), mais elle semble indispensable au sens puis-

car le premier genre possède plusieurs formes, mais étudier un genre d'oiseau indivisible, quel qu'il soit, par exemple le moineau, la grue ou un de cette sorte. Mais dans la mesure où on sera amené à parler plusieurs fois de la même propriété **[35]** parce que plusieurs animaux l'ont en commun, **[644b]** traiter de chacun séparément risque d'être déplacé et long.

Ainsi, il est sans doute correct de traiter en commun des caractères génériques, qu'on mentionne lorsqu'on a défini convenablement les hommes, et qui présentent une même nature commune au sein de laquelle on distingue des formes peu distantes les unes des autres, par exemple oiseau et poisson, ou **[5]** autre chose qui, sans avoir de nom, contiendrait comme un genre les formes qui sont en lui ; mais il faut traiter individuellement des autres sortes de caractères, au cas où[1], par exemple au sujet de l'homme, il y en aurait un autre de cette sorte.

On peut presque dire que les genres se définissent par l'arrangement des parties et de l'ensemble du corps, lorsqu'on rencontre une similitude, comme c'est par exemple le cas du genre des oiseaux entre eux, **[10]** ou de celui des poissons, des céphalopodes ou des testacés. Car leurs parties diffèrent, non par une similitude d'analogie, comme l'os par rapport à l'arête chez l'homme et le poisson, mais au contraire

---

que le genre oiseau ne peut pas être étudié comme l'espèce homme.

1. Nous lisons κἂν avec la plupart des manuscrits, et non καὶ, ce qui donnerait : « par exemple au sujet de l'homme, et de tout autre animal dans le même cas ».

par les propriétés du corps, par exemple grandeur et petitesse, mollesse et dureté, lisse et rugueux, etc., et en général par le plus et le moins.

Ainsi, comment il faut appréhender la recherche suivie qui porte sur la nature, comment l'étude de ces questions peut être rendue aussi directe et aisée que possible, de quelle manière il est possible de classer avec succès lorsqu'on se propose de le faire, et pourquoi la méthode par dichotomie est à la fois impossible et vaine, nous l'avons dit. Ces précisions apportées, passons à la suite, en prenant le point de départ que voici.

Intérêt philosophique de la science naturelle

I, 5

Parmi les substances constituées par nature, les unes sont sans génération ni destruction pour la totalité du temps, tandis que les autres ont part à ces deux processus. Or c'est un fait que l'étude de ces substances élevées et divines est pour nous assez restreinte (car les indices sensibles qui nous permettraient de les examiner et que nous aspirons à connaître sont tout à fait rares) ; en revanche, nous sommes mieux pourvus pour connaître les plantes et les animaux destructibles, étant donné que nous vivons avec eux : car celui qui veut s'en donner la peine peut sans doute saisir beaucoup de propriétés dans chaque genre.

Les uns et les autres ont leurs charmes. Car même si nous n'atteignons les premiers que partiellement, cela nous est toutefois plus agréable, de par l'élévation que présente leur connaissance, que de connaître tous ceux qui nous entourent, de même qu'apercevoir au hasard une petite partie des êtres que nous aimons [35] nous est plus agréable que de regarder en détail beaucoup d'autres grandes choses ; **[645a]** la science qui concerne les seconds l'emporte par sa précision et son étendue ; de plus, comme ils nous sont plus proches et familiers de nature, ils nous fournissent une compensation de la philosophie qui s'occupe des êtres divins. Puisque [5] nous avons abordé ces derniers en mentionnant les faits par nous observables, il reste à parler de la nature animale, en ne laissant si possible rien de côté, de trivial ou d'élevé. Car même ceux qui ne présentent aucun charme à la perception révèlent à l'étude que la nature qui les a fabriqués offre des plaisirs prodigieux [10] à ceux qui sont capables de connaître les causes et sont philosophes de nature. Il serait en effet surprenant et étrange que lorsque nous contemplons leurs images nous nous réjouissions de contempler en même temps l'art qui les a fabriqués, par exemple le dessin ou la sculpture, mais que nous ne préférions pas contempler ces mêmes êtres constitués par nature, [15] dès lors que nous pouvons apercevoir leurs causes.

C'est pourquoi il ne faut pas éprouver un dégoût puéril pour l'examen des animaux moins élevés. Car quelque chose d'admirable réside dans tous les êtres naturels ; et de même qu'Héraclite, à ce qu'on dit, parla en ces termes à des étrangers qui, voulant le rencontrer, s'étaient avancés et qui [20] s'arrêtèrent en le voyant se réchauffer près du fourneau :

« N'ayez pas peur d'approcher, recommanda-t-il : même ici, il y a des dieux », ainsi faut-il s'avancer sans dégoût vers la recherche qui concerne chacun des animaux, en considérant que dans tous il y a quelque chose de naturel et de beau. Car c'est surtout dans les ouvrages de la nature qu'on rencontre ce qui n'existe pas au hasard mais en vue d'un but ; **[25]** et la fin en vue de laquelle un être est constitué ou se forme occupe la place du beau. Celui qui tiendrait pour triviale l'étude des autres animaux devrait penser la même chose de lui-même : car il n'est pas possible de voir sans être fortement dégoûté les parties dont est constitué le genre humain, par exemple le sang, les chairs, les os, **[30]** les vaisseaux, etc.

De manière semblable, il faut considérer que celui qui traite d'une partie ou d'un objet, quels qu'ils soient, ne doit pas faire mention de la matière, ni la prendre comme but de son exposé, mais parler de la configuration dans son ensemble, par exemple de la maison, et non des briques, du ciment et des planches ; et celui qui parle de la nature **[35]** doit parler de la composition et de l'essence globale, non des parties qui ne sauraient être séparées de l'essence à laquelle elles se rattachent.

Distinctions préliminaires

[645b] Il est nécessaire de distinguer d'abord, pour chaque genre, les propriétés qui appartiennent par soi à tous les animaux, et d'essayer ensuite de distinguer leurs causes. Or nous avons dit plus haut que plusieurs propriétés appartiennent en commun à beaucoup d'animaux, les unes absolument, comme les pieds, les ailes, les écailles, et il en va de même pour certaines affections, alors que dans d'autres cas c'est par analogie. Je parle d'analogie en ce sens que certains ont un poumon et d'autres, non pas un poumon comme les précédents, mais autre chose qui leur tient lieu de poumon ; et tandis que les uns ont du sang, d'autres possèdent un analogue, qui possède la même puissance que le sang pour les sanguins. Pour ce qui est de parler séparément de chaque animal singulier, nous avons dit plus haut qu'on sera amené à se répéter, à chaque fois qu'on voudra traiter de l'ensemble des attributs : les mêmes appartiennent à plusieurs. Voilà donc pour les précisions.

D'autre part, puisque tout instrument existe en vue d'un but, que chacune des parties du corps existe en vue d'un but, et que le « en vue de quoi » est une action déterminée, il est manifeste que l'ensemble du corps est constitué en vue d'une certaine action complète[1]. Car l'action de scier n'existe pas en vue de la scie, mais la scie en vue de l'action de scier, car l'action de scier est quelque chose d'utile[2]. Par là même, le corps, d'une certaine manière, existe en vue de l'âme, et ses parties, en vue des fonctions auxquelles chacune est naturellement destinée. Il faut donc parler d'abord des actions, aussi bien de celles qui sont communes à tous les animaux que de celles qui sont génériques ou encore spécifiques. J'appelle

1. Nous lisons πλήρους (« complète »), et non πολυμεροῦς (« comprenant plusieurs parties »). 2. Littéralement : « un certain usage ».

communes celles qui appartiennent à tous les animaux, génériques celles qui appartiennent à des animaux dont nous constatons que les différences mutuelles sont seulement quantitatives : ainsi, je parle de l'oiseau [25] selon le genre, et de l'homme selon l'espèce, comme de tout être dont la définition universelle ne contient aucune différence. Car certains êtres présentent une propriété commune par analogie, d'autres de manière générique, d'autres de manière spécifique.

Or, en ce qui concerne les actions qui existent en vue d'autres actions, il est clair que les organes dont elles sont les actions se distinguent de la même manière que les actions en question ; [30] de même, lorsque certaines actions se trouvent être antérieures à d'autres dont elles sont le but, chacune des parties dont les actions sont de cette sorte sera disposée selon le même rapport que ces actions ; et troisièmement, il y a des actions dont l'existence implique nécessairement la présence d'autres actions. J'appelle affections et actions la génération, la croissance, le coït, la veille, le sommeil, la marche, ainsi que [35] tous les attributs de cette sorte présents chez les animaux ; j'appelle parties le nez, l'œil et l'ensemble du visage, qui peuvent chacun être appelés [646a] des membres. Il en va de même pour les autres.

En voilà assez sur la méthode à suivre : essayons maintenant de parler des causes des caractères communs aussi bien que des propres, en commençant par ce qui vient en premier selon les précisions que nous avons apportées.

Introduction

II, 1

Quelles sont les parties dont chaque animal est formé, et quel est leur nombre, nous l'avons montré de façon assez précise dans l'*Histoire des animaux* ; mais quelles sont les causes qui font que chacune existe de la manière dont elle existe, c'est ce qu'il nous faut examiner maintenant, en prenant à part certaines des choses qui ont été dites dans l'*Histoire*[1].

Parties homéomères et parties anhoméomères

Comme il y a trois niveaux de composition, on peut considérer que la première est celle qui a lieu à partir de ce que certains[2] appellent les éléments, par exemple la terre, l'air, l'eau, le feu. Mais il serait sans doute encore mieux de dire « à partir des puissances », et même pas à partir de toutes, comme nous l'avons déjà dit ailleurs[3]. En effet, l'humide et le sec, le chaud et le froid représentent la matière des

1. Ou : « certaines des parties qui ont été mentionnées dans l'*Histoire* ». **2.** Allusion à la doctrine d'Empédocle. Notons toutefois qu'Empédocle n'emploie jamais le terme στοιχεῖον (« élément », « lettre »), mais celui de racine (ῥιζῶμα). Quant à Platon, s'il utilise ce terme dans le *Timée* (48 b), c'est justement pour refuser la comparaison (matérialiste) des corps simples à des lettres de l'univers. **3.** Sur la reconduction des puissances à deux couples de contraires (à deux contrariétés premières), voir *Génération et corruption* II, 2.

corps composés, et les autres différences suivent de celles-ci, par exemple lourd ou léger, dense ou rare, rugueux ou lisse, ainsi que les autres propriétés des corps qui sont telles.

Le deuxième assemblage à partir des corps premiers, c'est la nature des parties homéomères chez les animaux, par exemple de l'os, de la chair et des autres parties de cette sorte.

Le troisième niveau, qui vient en dernier dans l'énumération, c'est celui des parties anhoméomères[1], par exemple du visage, de la main et des parties de cette sorte.

Or comme il en va de façon contraire pour la génération et pour l'essence[2], car les choses qui viennent ensuite du point de vue de la génération sont antérieures en nature, ce qui est premier[3] correspond à la dernière étape de la génération : la maison n'existe pas en vue des briques et des pierres, mais ces choses en vue de la maison, et il en va de même pour la matière en général. Qu'il en aille de cette manière, cela est manifeste non seulement par induction, mais aussi selon le raisonnement. En effet, tout ce qui advient effectue sa génération

1. C'est-à-dire celles qui ne sont pas synonymes (même nom et même définition) du tout dont elles sont les parties, ce dernier étant dépositaire d'une fonction propre. Les parties anhoméomères peuvent être composées de parties semblables entre elles, mais certainement pas semblables au tout dont elles sont les parties.
2. Rappel de I, 1 (640a 18).
3. Nous prenons le καὶ comme un καὶ d'insistance, non comme une coordination au sein de la proposition introduite par ἐπεὶ, qui se trouverait alors sans apodose.

à partir de quelque chose et vers quelque chose[1], d'un principe vers un autre, à savoir de celui qui meut en premier et qui possède déjà une certaine nature, vers une certaine configuration ou un autre résultat de cette sorte : un homme, en effet, engendre un homme, une plante engendre une plante, à partir de la [35] matière sous-jacente dans chacun des cas. Il est donc **[646b]** nécessaire que la matière soit antérieure du point de vue du temps, ainsi que la génération, mais que l'essence et la configuration de chaque être le soient du point de vue de l'explication[2]. On pourrait dire que l'explication de la génération est claire : en effet, l'explication de la construction d'une maison contient celle de la maison, alors que celle de la maison ne contient pas celle de la construction. [5] Il en va de même pour le reste. Par là même, il est nécessaire que la matière des éléments existe en vue des parties homéomères. En effet, celles-ci sont postérieures à ceux-là du point de vue de la génération, et les parties anhoméomères leur sont postérieures, car elles contiennent déjà le résultat et la limite, elles qui atteignent le troisième niveau d'assemblage, comme [10] il arrive dans beaucoup de cas que les générations s'achèvent.

Si c'est bien à partir de ces deux sortes de parties que les animaux se constituent, les parties homéomères

1. Pour une terminologie identique, voir *Métaphysique* Z8, 1033b 9-10, et Λ2, 1069b 15-16. 2. « Explication » traduit le terme λόγος, qui ne recouvre pas seulement la définition, mais la raison immanente de l'objet sur laquelle doit se fonder toute explication complète (voir I, 1, 639b 14-16).

existent toutefois en vue des anhoméomères : il existe en effet pour celles-ci des fonctions et des actions, par exemple pour l'œil, pour la narine, l'ensemble du visage, le doigt, la main et pour l'ensemble du bras. Or comme les actions et les mouvements appartenant aux animaux tout entiers et aux parties de cette sorte présentent des formes nombreuses, il est nécessaire que ce dont ils sont composés possède des puissances dissemblables (car à certaines fins[1], de la mollesse est utile, et de la dureté pour d'autres), et que certaines parties présentent une extension, d'autres une flexion. Ainsi, les parties homéomères ont-elles reçu chacune en particulier les puissances de cette sorte (telle d'entre elles est molle, telle autre dure, l'une est humide, l'autre sèche, l'une visqueuse, l'autre friable), alors que les anhoméomères se répartissent en[2] de nombreuses puissances combinées les unes avec les autres : en effet, ce n'est pas la même puissance qui est utile à la main pour presser et pour saisir. Aussi est-ce à partir d'os, de tendons, de chair et des autres parties de cette sorte que sont constituées les parties instrumentales, et non l'inverse.

Ainsi, pour cette raison, c'est comme en vue de quelque chose qu'en ce domaine il en va de la manière exposée ; mais comme on cherche aussi en quel sens

---

1. Littéralement : « par rapport à certaines choses », qui sont sans doute des activités à accomplir. 2. Selon le sens de κατὰ suivi de l'accusatif. Alors que chaque partie homéomère se caractérise par une seule de deux puissances contraires, une partie anhoméomère peut présenter plusieurs puissances selon les endroits.

il est nécessaire qu'il en aille ainsi, c'est manifestement par nécessité que ces choses étaient déjà disposées de cette manière les unes par rapport aux autres[1]. Car il se peut que les parties anhoméomères se forment à partir des homéomères, aussi bien à partir de plusieurs qu'à partir d'une seule, comme c'est le cas de certains des viscères : ils ont en effet, par leur schéma, des configurations nombreuses, eux qui sont formés presque uniquement à partir d'un corps homéomère ; mais il est impossible que les homéomères soient formés à partir des autres : car ce qui est homéomère serait alors beaucoup de choses anhoméomères. C'est donc **[647a]** pour ces raisons que certaines parties des animaux sont simples et homéomères, d'autres composées et anhoméomères.

Sensation et parties homéomères

Et puisqu'il y a chez les animaux des parties instrumentales et des organes sensoriels, chacune des parties instrumentales est anhoméomère, comme je l'ai dit plus haut[2], tandis que la sensation se produit pour tous

---

1. Si c'est la fonction des parties instrumentales qui commande l'explication des parties homéomères dont elles sont constituées, selon une nécessité de type hypothétique (« si telle partie doit accomplir telle fonction, il faut qu'elle soit constituée de la partie homéomère possédant la puissance requise »), l'existence de deux types de parties relève aussi d'une nécessité « matérielle », selon laquelle l'homogène ne peut exister qu'à partir de l'homogène, et le non-homogène qu'à partir de portions finalement homogènes (ce qui s'oppose à une théorie comme celle d'Anaxagore pour qui l'homogénéité n'est qu'apparente).

2. 646b 12-14.

dans les parties homéomères, du fait que toute sensation, quelle qu'elle soit, relève d'un genre unique, l'organe sensoriel ne pouvant recevoir qu'un des sensibles. Or ce qui est en puissance est affecté par ce qui est en acte, de sorte qu'ils sont la même chose par le genre, bien qu'ils soient chacun un[1]. C'est pour cela qu'aucun des naturalistes n'entreprend de dire, à propos d'une main, d'un visage ou d'une des parties de cette sorte, que l'une est de la terre, l'autre de l'eau, une autre encore du feu, alors qu'ils rattachent chacun des organes sensoriels à un des éléments, en affirmant que l'un est de l'air, l'autre du feu.

Or comme la sensation réside dans les parties simples, il en résulte, d'une façon on ne peut plus conforme à la raison, que le toucher se produit dans de l'homéomère mais dans le moins simple des organes sensoriels, car il semble que lui surtout fasse partie de plusieurs genres, et que ce qui est senti par lui renferme de nombreuses contrariétés : chaud, froid, sec, humide et encore d'autres choses de cette sorte ; et l'organe sensoriel de ces choses, la chair, ainsi que l'analogue de celle-ci[2], est le plus solide[3] des organes sensoriels. Or comme il est impossible qu'existe un animal sans sensation, il se pourrait bien que, pour cette raison, il soit nécessaire

1. Voir l'analyse de l'agir et du pâtir en *Génération et corruption* I, 7, notamment 323b 29-324a 5. **2.** Chez les animaux qui n'ont pas de chair proprement dite, comme les insectes (voir II, 8, 654a 26-31). **3.** C'est ainsi que nous rendons ici l'adjectif σωματώδες, terme intuitif qui insiste sur la dimension matérielle grossière de telle ou telle partie.

aux animaux de posséder quelques parties homéomères : car la sensation est située dans ces parties, tandis que les actions leur appartiennent grâce aux parties anhoméomères.

Or les **[25]** puissances sensitive, motrice et nutritive étant situées dans la même partie du corps[1], comme nous l'avons dit précédemment dans d'autres ouvrages, il est nécessaire que la première partie à posséder les principes de cette sorte, en tant qu'elle peut recevoir tous les sensibles, soit une des parties simples, mais qu'en tant qu'elle est motrice et active[2], elle soit une **[30]** partie anhoméomère. C'est pourquoi, chez les animaux non sanguins, c'est l'analogue du cœur qui est tel, alors que chez les sanguins c'est le cœur : il est en effet divisé en parties homéomères comme chacun des autres viscères, mais sa figure[3] fait de lui une partie anhoméomère. C'est de lui que dépend précisément **[35]** chacune des autres choses qu'on appelle des viscères, car ils sont constitués à partir de la même matière : **[647b]** en effet, ils ont tous une nature sanguine du fait qu'ils possèdent leur position sur des conduits vasculaires et sur des ramifications. Ainsi, de même que le limon se forme pendant que l'eau coule, les autres viscères sont comme des alluvions de l'écoulement du sang à travers les vaisseaux ; et il est conforme à la raison que le cœur,

1. C'est-à-dire dans le cœur. Voir notamment, dans les *Petits traités d'histoire naturelle, De la jeunesse*, chapitre 3, 469a 5 *sq.*
2. Ce terme traduit πρακτικόν, c'est-à-dire relatif à une activité ou fonction des parties instrumentales (voir I, 5, 645b 28 *sq.*).
3. Littéralement : « la configuration de sa figure ».

du fait qu'il est l'origine des vaisseaux et qu'il contient la puissance qui fabrique en premier le sang, soit lui-même constitué d'une nourriture de même sorte que celle qu'il reçoit. Nous avons donc dit pourquoi la configuration des viscères est sanguine, et pourquoi ils sont d'une certaine façon homéomères, et d'une autre, anhoméomères.

1. LES PARTIES HOMÉOMÈRES

II, 2

Parmi les parties homéomères chez les animaux, les unes sont molles et humides, les autres dures et consistantes[1], et celles qui sont humides le sont soit totalement, soit autant que leur nature le permet, par exemple le sang, le sérum, la graisse, le suif, la moelle, la semence, la bile, le lait (chez les animaux qui en ont), la chair et leurs analogues : en effet, les animaux ne fabriquent pas toutes ces parties, mais certains en possèdent qui leur sont analogues. D'autres parties homéomères sont sèches et consistantes, par exemple l'os, l'arête, le tendon, le vaisseau. De fait, la division des parties homéomères présente une différence : en un sens, la partie de certaines choses est seulement homonyme par rapport au tout, alors qu'en un autre elle ne l'est pas[2] ; par

---

1. Le terme est στερεόν, qui dénote le volume en géométrie.

2. Elle lui est alors synonyme (même nom, même définition). Notons que le texte est ici incertain, à la fois pour ce qui est de

exemple, la partie d'un vaisseau est vaisseau, mais celle d'un visage n'est absolument pas visage.

Tout d'abord, pour les parties humides comme pour les parties sèches, il existe plusieurs manières d'être cause : en effet, certaines d'entre elles existent comme matière des parties anhoméomères (c'est à partir d'elles qu'est constituée chacune des parties instrumentales – à partir d'os, de tendons, de chairs et d'autres choses de cette sorte qui contribuent pour une part[1] à leur essence, pour une autre à leur fonctionnement[2]), tandis que d'autres, parmi les parties humides, sont une nourriture pour ces dernières, car toutes ces parties tirent leur accroissement de l'humide, et c'est un fait que d'autres sont des surplus de celles-ci, par exemple le résidu de la nourriture sèche, et celui de la nourriture humide chez les animaux qui possèdent une vessie.

---

la présence d'un ὡς avant le ἐνίων de la l. 18 (attesté seulement par P), et pour ce qui est de la place de l'exemple du vaisseau, qui se trouve dans les manuscrits avant la remarque adversative (nous adoptons le déplacement proposé par Düring). Il ne s'agit pas d'une distinction de cas (certaines parties seraient homonymes à leur tout, d'autres non), mais de l'affirmation d'une homonymie faible dans le cas des parties d'homéomères : bien que distinctes de la totalité dont elles sont les parties, elles lui sont d'une certaine façon, à leur échelle, identiques. Au contraire, les parties anhoméomères, par exemple un visage, sont divisibles en parties qui ne sont identiques à leur tout que par homonymie.

1. En prenant τὰ μὲν et τὰ δὲ comme les accusatifs d'objet requis par συμβάλλομαι dans l'usage où il signifie « contribuer (en quelque chose) à ». Autrement, on aurait : « dans certains cas à leur essence, dans d'autres à leur activité ». 2. Le terme est ἐργασία, qui signifie aussi « opération ».

1.1 Le sang

Les différences de ces choses entre elles **[30]** sont en vue du meilleur, comme c'est le cas notamment de celles du sang à l'égard du sang : il y a en effet du sang plus ou moins subtil ou épais, plus ou moins pur ou trouble et, en outre, plus ou moins froid ou chaud, à la fois au sein des parties d'un même animal (celui qui est dans les parties supérieures diffère **[35]** par ces caractères de celui qui est dans les parties d'en bas) et d'un animal à l'autre. D'une manière générale, **[648a]** il y a des animaux sanguins, et d'autres qui possèdent à la place du sang une autre partie semblable. Plus le sang est épais et chaud, plus il donne de force, mais il est d'autant plus approprié à la sensation et à la pensée[1] qu'il est subtil et froid. On retrouve la même **[5]** différence dans les cas où se rencontre un analogue du sang : aussi les abeilles et d'autres animaux de cette sorte sont-ils plus intelligents de nature que beaucoup de sanguins[2], et parmi les sanguins ceux qui possèdent un sang froid et subtil sont plus intelligents que les autres. Les meilleurs animaux sont ceux qui ont un sang chaud, subtil et pur : **[10]** de tels animaux sont bien disposés à la fois sous le rapport du courage et sous celui de

---

1. Ou à l'intellection, selon la racine de l'adjectif νοερος, qui signifie ici à peu près la même chose que φρονιμός (« intelligent » au sens large, et non spécifiquement « prudent » comme au livre VI de l'*Éthique à Nicomaque*). **2.** La leçon ἀναίμων (« non-sanguins ») est la plus attestée, mais le rappel qu'on trouve en 650b 25, avec le même exemple des abeilles, oblige à suivre la leçon ἐναίμων.

l'intelligence. Aussi les parties supérieures présentent-elles cette différence par rapport à celles d'en bas, et, de même[1], le mâle par rapport à la femelle, les parties droites du corps par rapport aux parties gauches. De manière semblable, au sujet des autres parties, de celles de cette sorte comme des anhoméomères, il faut supposer qu'elles possèdent cette différence, les unes pour les fonctions et l'essence de chacun des animaux, les autres pour ce qui est mieux ou moins bien[2] : par exemple, parmi ceux qui possèdent également des yeux, les uns ont des yeux durs, les autres des yeux humides, et les uns ne possèdent pas de paupières tandis que les autres en ont, afin que leur vision soit plus nette.

Qu'il soit nécessaire de posséder ou bien du sang, ou bien ce qui a la même nature que lui, et quelle est la nature du sang, c'est après avoir effectué dans un premier temps des divisions au sujet du chaud et du froid qu'il faut en étudier les raisons. En effet, nombreux sont les êtres dont la nature se ramène à ces principes, et beaucoup de penseurs disputent la question de savoir lesquels sont chauds ou froids parmi les animaux et leurs parties. Certains affirment que les animaux aquatiques sont plus chauds que les animaux terrestres[3] – en alléguant que la chaleur de leur nature compense la fraîcheur du

---

1. Le αὖ, qui indique le passage à un cas distinct (« à son tour »), n'est présent que dans E et Π. **2.** Nous ne suivons pas E dans l'interversion des deux types de finalité. **3.** L'adjectif πεζός, ou le participe πεζεύων, ne désigne pas proprement les animaux terrestres, mais une certaine catégorie de terrestres, milieu[1] –, et que les non-sanguins le sont plus que les sanguins, les femelles plus que les mâles : par exemple, Parménide affirme que les femmes sont plus chaudes que les hommes[2], **[30]** et il n'est pas le seul, dans l'idée que c'est à cause de la chaleur, chez des femmes qui ont beaucoup de sang, que se produisent les règles, tandis qu'Empédocle soutient le contraire. De plus, entre le sang et la bile, les uns affirment que l'un est chaud, peu importe lequel, les autres qu'il est froid.

Si le chaud et le froid donnent lieu à une dispute si importante, que faut-il admettre au sujet du reste ? **[35]** Car ces choses sont pour nous les plus évidentes dans le domaine de la sensation. Or il semble que cette dispute **[648b]** a lieu parce que « plus chaud » se dit en plusieurs sens, car il semble bien qu'ils disent chacun quelque chose de pertinent alors même qu'ils tiennent des propos contraires. Aussi ne faut-il pas négliger en quel sens on doit dire que tel être naturel est chaud, tel autre froid, les uns secs, les autres humides, **[5]** puisqu'on ne peut nier[3] que ce sont ces choses qui, à l'évidence, sont causes pratiquement[4] de la mort et de la vie, et aussi du sommeil

---

à savoir ceux qui vivent au sol, par opposition à ceux qui volent (πτηνά). Ainsi, en *Histoire des animaux* I, 1, 487b 18-20, les oiseaux sont terrestres (χερσαῖα) sans être des πεζά.

1. Littéralement : « du lieu ». 2. Ce passage est considéré comme un témoignage sur Parménide (Diels-Kranz, A52). 3. Littéralement : « il est manifeste ». 4. Le σχεδὸν signifie une très faible modalisation. Ces deux couples de contraires sont presque exclusivement causes des phénomènes cités.

et de la veille, de la force de l'âge et de la vieillesse, de la maladie et de la santé[1], et non le rugueux et le lisse, le lourd et le léger, ni aucune autre, pour ainsi dire, des choses de cette sorte. Et c'est là un fait conforme à la raison : comme nous l'avons dit précédemment dans d'autres ouvrages[2], ce sont le chaud et le froid, le sec et l'humide qui sont principes des éléments naturels.

1.11 Distinctions au sujet du chaud et du froid, du sec et de l'humide

Est-ce donc en un seul sens ou bien en plusieurs qu'on parle de chaud ? En fait, il faut saisir quelle est l'œuvre de ce qui est plus chaud[3] et, s'il en existe plusieurs, combien il y en a.

Est dit plus chaud, en un premier sens, ce dont le contact échauffe plus, et en un autre ce qui produit une plus forte sensation tactile, en particulier lorsque celle-ci est accompagnée de douleur, mais il y a des cas où cela s'avère trompeur, car parfois c'est la disposition[4] du sujet qui est cause de la sensation de douleur. De plus, ce qui fait plus fondre est plus chaud que le fusible[5], et ce qui consume plus l'est

---

1. C'est-à-dire des propriétés communes de l'âme et du corps, qui font l'objet des *Petits traités d'histoire naturelle*, et auxquelles il a été fait allusion en I, 1 (639a 19). **2.** Voir *Génération et corruption* I, 3. **3.** Ou : « quelle fonction accomplit ce qui est plus chaud ». Le terme d'ἔργον, dont le sens technique chez Aristote est celui de fonction, intervient ici dans un contexte mécaniste où la fonction se réduit à l'effet produit. **4.** L'ἕξις, ou « manière d'être ». **5.** C'est-à-dire ce qui peut fondre.

plus que le combustible. De plus, au cas où une même chose est en plus ou moins grande quantité, la quantité plus grande est plus chaude que la quantité plus petite. En outre, entre deux choses, la plus chaude est celle qui ne se refroidit pas rapidement mais lentement, et nous affirmons que celle qui s'échauffe plus rapidement est plus chaude de nature que celle qui met du temps à s'échauffer, dans l'idée que ce qui est contraire l'est du fait d'un éloignement, et ce qui est semblable, du fait d'une proximité.

C'est donc, sinon en de multiples sens, du moins en autant de sens que ceux-là qu'une chose est dite plus chaude qu'une autre ; il est toutefois impossible que ces manières d'être plus chaud appartiennent toutes à la même chose. En effet, l'eau bouillante échauffe plus que la flamme, mais la flamme consume et fait fondre le combustible et le fusible, tandis que l'eau ne fait rien de tel. De plus, l'eau bouillante est plus chaude qu'un peu de feu, mais l'eau chaude se refroidit plus vite et davantage qu'un petit feu : en effet, le feu ne devient pas froid, alors que l'eau devient aussi bien chaude que froide. De plus, l'eau bouillante est plus chaude au toucher, mais elle se refroidit et coagule plus vite que l'huile. De plus, le sang est au toucher plus chaud que l'eau et l'huile, mais il coagule plus rapidement. De plus, les pierres et le fer, ainsi que les choses de cette sorte, s'échauffent plus lentement que l'eau, mais une fois échauffées elles brûlent davantage. En outre, parmi les choses qui sont dites chaudes, les unes possèdent une chaleur étrangère, **[649a]** les autres une chaleur propre, et c'est entre ces deux façons d'être chaud que la différence est la plus importante : car le premier de ces cas est proche de celui qui correspond au fait d'être chaud par accident et non par soi, à la manière dont on pourrait dire, s'il était arrivé au fiévreux d'être instruit, que l'instruit est plus chaud que celui qui est chaud avec la santé. Or puisqu'il y a ce qui est chaud par soi et ce qui l'est par accident, ce qui l'est par soi se refroidit plus lentement, mais il arrive souvent que ce qui l'est par accident échauffe davantage à la sensation ; de même, ce qui est chaud par soi brûle davantage, par exemple la flamme par rapport à l'eau bouillante, alors qu'au toucher l'eau bouillante échauffe plus, elle qui est chaude par accident.

Par là même, il est manifeste qu'il n'est pas simple de discerner, entre deux choses, laquelle est la plus chaude : car d'une certaine manière ce sera l'une qui sera la plus chaude, et l'autre d'une autre. Dans quelques cas de cette sorte, il n'est même pas possible de dire purement et simplement[1] si c'est chaud ou non. Car la chose qui se trouve alors jouer le rôle de sujet[2] n'est pas chaude, mais l'est couplée

---

1. C'est ainsi que nous rendons le ἁπλῶς, qui signifie « simplement » ou « absolument », selon les cas. **2.** Littéralement : « ce que le sujet peut bien se trouver être ». Le terme ὑποκείμενον signifie ici le support à la fois physique et logique de qualités non essentielles, c'est-à-dire un sujet qui n'est pas une simple matière.

avec autre chose, comme au cas où on donnerait un nom particulier à l'eau ou au fer lorsqu'ils sont chauds. C'est en effet de cette manière que le sang est chaud, et c'est dans de tels cas qu'il devient manifeste que le froid est une certaine nature et non une privation[1], dans tous les cas où c'est selon une affection[2] que le sujet [20] est chaud[3]. On pourrait même dire que, si cela se trouve, la nature du feu, elle aussi, est quelque chose de tel, car le sujet est alors sans doute soit de la fumée, soit du charbon : l'une est toujours chaude (car la fumée est une exhalaison[4]), alors qu'une fois éteint le charbon est froid ; d'ailleurs, l'huile et la résine de pin peuvent éventuellement devenir froides. Or [25] pratiquement toutes les choses qui ont subi l'action du feu renferment de la chaleur, par exemple la chaux et la cendre, ainsi que les résidus des animaux et, parmi les surplus, la bile, en ce qu'ils ont été enflammés et que quelque chose de chaud a été laissé en eux. C'est en un autre sens que sont chaudes la résine de pin et les graisses, à savoir qu'elles se transforment rapidement pour donner du feu en acte.

---

1. Les manuscrits EYZΔ donnent au contraire : « que le froid n'est pas une certaine nature mais une privation ». **2.** Παθός, c'est-à-dire propriété accidentelle, et non essentielle. **3.** Le froid ne serait une privation que si la chaleur était une propriété essentielle (ou par soi) des objets concrets, et non une affection contingente par rapport à leur nature propre comme c'est ici le cas. **4.** Le terme est ἀναθυμίασις, qui désigne une exhalaison sèche. Sur la distinction des deux types d'exhalaisons, voir *Météorologiques* I, 4.

Il semble que le chaud fasse à la fois coaguler et fondre. Ainsi, toutes les choses qui sont seulement à base d'eau, le froid les fait coaguler, alors que le feu fait coaguler celles qui sont à base de terre ; et parmi les choses qui sont chaudes, celles qui sont davantage à base de terre coagulent sous l'effet du froid, de façon indissoluble, alors que celles qui sont à base d'eau ne le font pas de cette façon.

Sur ce sujet, toutefois, des précisions plus importantes ont été données dans d'autres ouvrages : quelles sortes de choses peuvent coaguler, et quelles sont les causes de la coagulation. Or l'essence du chaud[1] et la qualité de plus chaud, puisqu'elles se disent en plusieurs sens, [649b] n'appartiendront pas de la même manière à tous les objets, mais il faut déterminer que telle chose l'est par soi, telle autre souvent par accident et, de plus, que telle chose l'est en puissance, telle autre selon l'acte, et telle chose de cette manière-ci, en ce qu'elle échauffe davantage au toucher, telle autre en ce qu'elle produit une flamme et met le feu. Or comme le chaud se dit en plusieurs sens, il suivra clairement de cela que le froid aussi, selon le même raisonnement. Au sujet du chaud, du froid et de leurs excès, qu'on s'en tienne à ce type de précisions.

1. Littéralement : « ce qu'est le chaud » (τὸ τί θερμὸν, interrogation substantivée).

II, 3

À la suite de cela, il faut traiter du sec et de l'humide, conformément à ce que nous avons dit. Ceux-ci se disent en plusieurs sens, par exemple en puissance ou en acte, selon les cas. En effet, la glace et tout ce qui est de l'humide coagulé sont dits secs en acte et par accident, eux qui sont humides[1] en puissance et par soi, alors que la terre, la cendre et les choses de cette sorte, lorsqu'elles ont été mélangées à de l'humide, sont dites humides en acte et par accident, mais sèches par soi et en puissance ; mais ces choses une fois dissociées, celles à base d'eau qui peuvent remplir un récipient sont dites humides à la fois en acte et en puissance, alors que toutes celles qui sont à base de terre sont dites sèches : c'est surtout de cette manière-là qu'on parle de sec au sens propre et absolu. De manière semblable, c'est selon le même raisonnement que les autres choses humides trouvent leur sens propre et absolu, et il en va de même des chaudes et des froides.

Ces précisions apportées, il est manifeste que le sang en un sens est chaud, au sens de ce que c'est pour lui d'être du sang (on parle de sang de la même manière que si on se servait d'un nom particulier pour signifier « eau bouillante »), alors que le sujet, c'est-à-dire ce qu'il peut bien être en étant « sang », n'est pas chaud ; et en un sens il est chaud par soi, mais pas en un autre : en effet, dans son énoncé définitionnel la chaleur sera présente, comme l'est

1. Ou : « qui sont des liquides ».

« blanc » dans celui de l'homme blanc, mais dans la mesure où c'est selon une affection[1] que le sang est chaud, il n'est pas chaud par soi. Il en va de même pour le sec et pour l'humide. Aussi, dans la nature, certaines choses de cette sorte qui sont chaudes et humides coagulent cependant lorsqu'elles sont séparées, et **[30]** semblent alors être froides, comme c'est le cas du sang ; et d'autres qui sont chaudes et ont de l'épaisseur, comme la bile, subissent l'effet contraire lorsqu'elles sont séparées de la nature de ce qui les contient : elles se refroidissent et s'humidifient ; en effet, le sang se dessèche davantage, alors que la bile jaune s'humidifie ; et le fait de prendre plus ou moins part aux opposés **[35]** doit être considéré comme un attribut de ces choses. En quel sens il y a **[650a]** du chaud et de l'humide, et en quel sens la nature du sang prend sa part des contraires, nous l'avons dit, à peu de chose près.

1.12 Utilité du sang

Puisqu'il est nécessaire que tout ce qui s'accroît prenne de la nourriture, que la nourriture se compose pour tous les vivants d'humide et de sec, et que la cuisson de ces choses, c'est-à-dire leur transformation, se produit **[5]** grâce à la puissance du chaud, il est nécessaire que tous les animaux et tous les végétaux possèdent, précisément pour cette raison, jusqu'à preuve du contraire, un principe naturel du chaud qui est en eux, et qu'ils possèdent ce principe

1. C'est-à-dire par accident, non par essence.

de la même façon que[1] les opérations[2] de la nutrition relèvent de plusieurs parties. En effet, chez les animaux, le premier service est manifestement celui qui s'opère grâce à la bouche et grâce aux parties qui sont en elle, chez tous ceux dont la nourriture a besoin d'être divisée. Celui-ci, toutefois, n'est cause d'aucune cuisson, mais plutôt des bonnes conditions de la cuisson[3], car la division de la nourriture en petits morceaux facilite l'opération du chaud ; et c'est la division opérée par l'estomac supérieur et l'estomac inférieur[4], avec cette fois une chaleur naturelle, qui effectue la cuisson. Or de même que la bouche constitue le passage de la nourriture non élaborée, ainsi que la partie qui se trouve en continuité avec elle et qu'on appelle l'œsophage (pour tous les animaux qui possèdent cette partie qui va jusqu'à

---

1. L'objet de la comparaison est difficile à saisir. Peck supprime tout le membre de phrase pour considérer la dernière proposition comme une indépendante, alors que Düring proposait de compléter ainsi : « […] et possèdent ce principe *pour l'activité de la nutrition* ; *or* les activités de la nutrition relèvent de plusieurs parties. » **2.** Le terme d'ἐργασία, dérivé d'ἔργον qui signifie œuvre et/ou fonction, peut être interprété ici comme signifiant une opération dans sa dimension d'activité, mais aussi comme signifiant le travail exercé sur une chose pour la transformer. Plutôt que de traduire systématiquement par « élaboration », nous avons opté dans certains cas pour le premier sens (ce qui donne ici « opérations de la nutrition » au lieu de « élaboration de la nourriture », comme y incite d'ailleurs le pluriel). **3.** Le terme est εὐπεψία (« bonne cuisson », « cuisson facile »). **4.** La « cavité du bas » (κατὼ κοίλια) représente les intestins et les parties voisines (foie, rate, etc.), par opposition à l'estomac proprement dit.

l'estomac), de la même manière il doit y avoir plusieurs autres principes grâce auxquels tout le corps pourra tirer sa nourriture, comme d'une mangeoire, de l'estomac et de la nature des parties intestines. En effet, les plantes tirent leur nourriture complètement élaborée de la terre au moyen de leurs racines (aussi ne se produit-il pas de surplus[1] chez les plantes, car elles utilisent la terre et la chaleur qui s'y trouve comme un estomac), alors que les animaux, tous ou presque – et c'est manifeste dans le cas de ceux qui marchent –, ont en eux la cavité de l'estomac comme une terre à partir de laquelle, comme celles-là avec leurs racines, ils doivent par quelque moyen tirer leur nourriture, jusqu'à ce qu'ils atteignent le terme de la cuisson qui suit. En effet, l'opération effectuée par la bouche livre son produit à l'estomac, au niveau duquel il est nécessaire qu'une autre chose le prenne, ce qui est précisément le cas : car les vaisseaux s'étendent à travers tout le mésentère, en partant d'en bas jusqu'à l'estomac. Ces choses sont à étudier à partir des *Planches anatomiques* et de l'histoire naturelle[2].

Or puisque pour toute nourriture il existe quelque chose qui peut la recevoir, ainsi que pour les surplus qui se produisent, et que les vaisseaux sont en quelque sorte un vase de sang, il est manifeste que le sang représente la nourriture finale des sanguins, et son analogue, celle des non-sanguins. C'est pour cette raison que chez les sujets qui ne prennent pas

1. Au sens ici d'excréments. 2. Voir *Histoire des animaux* (III, 4).

de nourriture sa quantité diminue, qu'elle **[650b]** s'accroît chez ceux qui en prennent, et qu'il est sain lorsque celle-ci est utile, mauvais lorsqu'elle ne vaut rien. Que donc le sang appartienne aux animaux sanguins en vue de leur nutrition, c'est manifeste à partir de ces exemples et d'autres de même sorte. De fait, c'est pour cette raison que, lorsqu'on le touche, il ne produit pas de sensation, **[5]** pas plus qu'aucun autre des surplus ; et la nourriture n'est pas comme la chair : car cette dernière, lorsqu'on la touche, produit une sensation. C'est que le sang ne présente pas de continuité avec elle, ni de développement commun[1], mais c'est comme en un vase qu'il se trouve situé dans le cœur et dans les vaisseaux. De quelle manière les parties tirent de lui leur croissance, et, de plus, ce qu'il en est de la nourriture **[10]** en général, c'est dans les leçons sur la génération[2] et dans d'autres ouvrages qu'il convient plus proprement d'en traiter. Pour l'heure, qu'on s'en tienne à ce qui vient d'être dit (car c'est là tout ce qui est utile), à savoir que le sang existe en vue de la nutrition, de la nutrition des parties.

---

1. Ils ne se greffent pas l'un sur l'autre, comme l'indique la négation du participe συμπεφυκός, du verbe συμφύειν.
2. C'est-à-dire dans la *Génération des animaux*, notamment au livre I, qui définit la semence du mâle (σπέρμα) comme le surplus de la nourriture ultime (I, 18, 726a 26-28).

1.13 Les fibres du sang

II, 4

Il y a une sorte de sang qui contient ce qu'on appelle des fibres, une autre qui n'en contient pas, par exemple celui des cerfs et des chevreuils. C'est pourquoi un tel sang ne coagule pas : car l'élément aqueux du sang est plutôt froid, et donc il ne coagule pas, alors que l'élément terreux coagule lorsque l'humide s'évapore ; or les fibres sont à base de terre. Il en résulte que certains animaux de cette sorte possèdent une réflexion[1] plus fine, non pas à cause de la fraîcheur de leur sang, mais plutôt à cause de son caractère subtil et du fait qu'il est pur : aucun des deux animaux mentionnés ne possède en effet l'élément terreux. Car les animaux qui ont leur humidité plus subtile et plus pure possèdent une sensibilité plus vive[2]. C'est pour cette raison que quelques-uns des non-sanguins ont l'âme plus intelligente[3] que certains sanguins, comme on l'a dit plus haut[4], par exemple l'abeille, le genre des fourmis et d'autres éventuellement. Sont toutefois plus peureux ceux qui possèdent trop de liquide, car la crainte refroidit : sont donc prédisposés à cette affection ceux qui possèdent dans leur cœur un tel mélange d'humeurs, car le froid fait coaguler l'eau. C'est pourquoi les

1. Le terme est διάνοια qu'on peut traduire plus faiblement par pensée ou intelligence. 2. Littéralement : « une sensation plus facile à mouvoir ». 3. L'adjectif συνετός est formé à partir de συνίημι, qui signifie comprendre. 4. 648a 5-7.

autres animaux non sanguins sont, pour parler de façon simpliste, plus peureux que les sanguins : ils s'immobilisent lorsqu'ils ont peur et lâchent des surplus, voire pour certains changent de couleur. Et ceux qui ont trop de fibres, et des fibres épaisses, sont plus terreux de nature, plus ardents de caractère, et instables à cause de **[35]** leur ardeur. Car l'ardeur[1] produit de la chaleur, et les solides qui ont été échauffés échauffent davantage que les liquides ; or les fibres sont quelque chose de solide **[651a]** et de terreux, de sorte qu'elles deviennent comme des braises dans le sang et produisent un bouillonnement dans les ardeurs[2]. Aussi les taureaux et les sangliers sont-ils ardents et instables : car le sang de ces animaux est très fibreux, et c'est assurément celui du taureau qui coagule le plus vite de tous. Mais lorsqu'on retire **[5]** ces fibres, le sang ne coagule plus : de même que si on retire d'une boue l'élément terreux l'eau ne coagule pas, c'est ainsi qu'il en va du sang, car les fibres sont à base de terre ; et lorsqu'on ne les retire pas, il coagule, comme le fait par exemple une terre humide sous l'effet d'un vent froid : car lorsque le chaud est pressé par le froid, l'humide s'évapore, comme nous l'avons dit plus haut, et **[10]** il coagule lorsqu'il est asséché non par du chaud mais par du froid. Or il y a de l'humide dans les corps à cause de la chaleur présente chez les animaux.

---

1. Le θυμός, principe irascible, dont les effets s'exercent en premier lieu au niveau du cœur. **2.** En particulier au niveau du cœur.

La nature du sang est cause de nombreux phénomènes chez les animaux, aussi bien pour ce qui est du caractère que de la sensibilité, et c'est conforme à la raison, car le sang est la matière de tout le corps : en effet, la nourriture est une matière, et le sang est la nourriture dernière. Il produit donc une différence importante selon qu'il est chaud ou froid, subtil ou épais, trouble ou pur.

1.14 Le sérum

Quant au sérum, il représente l'élément aqueux du sang, du fait que ce dernier n'a pas encore subi de cuisson ou qu'il a été détruit[1], de sorte qu'il y a un sérum qui existe par nécessité, et un qui existe en vue du sang.

1.15 La graisse et le suif

II, 5

La graisse et le suif diffèrent l'un de l'autre selon la différence du sang. En effet, chacun des deux est du sang qui a été cuit du fait de sa bonne nutrition, c'est-à-dire qui, bien qu'il ne soit pas dispensé à la partie charnue des animaux, est toutefois bien cuit et bien nourrissant[2]. Ce qu'ils ont de gras le montre : en effet, l'élément gras des parties humides[3]

1. Ou : « corrompu ». Le « pas encore » (μήπω) ne porte que sur la cuisson. 2. On peut aussi traduire l'adjectif εὐτραφές par « bien nourri ». 3. Ou : « des liquides ».

tient à la fois de l'air et du feu[1]. La raison pour laquelle aucun des non-sanguins ne possède de graisse ou de suif, c'est qu'ils ne possèdent pas de sang ; et parmi les sanguins, ceux qui ont le sang épais[2] possèdent plutôt du suif : en effet, le suif est terreux, et donc il coagule de la même façon que le sang fibreux[3], aussi bien lui que les bouillons de cette sorte, car il contient une faible quantité d'eau mais une quantité importante de terre. Aussi les animaux qui n'ont pas une double rangée de dents mais ont des cornes possèdent-ils du suif ; et leur nature est manifestement pleine de l'élément de cette sorte, parce qu'ils sont à cornes et possèdent des astragales : tous, en effet, sont secs et terreux de nature. En revanche, les animaux à double rangée de dents, sans cornes et fissipèdes[4] possèdent de la graisse à la place du suif, laquelle ne coagule pas et ne s'émiette pas non plus lorsqu'elle est asséchée, du fait que sa nature n'est pas terreuse[5].

Ainsi donc, lorsque ces choses sont en quantité modérée dans les parties des animaux, elles sont

1. Il s'agit d'un κοινόν (réalité qui possède des traits communs avec des réalités élémentaires), non d'un mélange (κρᾶσις) à proprement parler, qui se définirait sans référence à ses ingrédients. 2. Le terme est σωματώδης (« corporel », « grossier »). 3. Les manuscrits EUS ne contiennent pas ici le terme de sang. On obtient alors : « de la même façon que ce qui est fibreux ». 4. C'est-à-dire qui possèdent plusieurs doigts, par opposition aux solipèdes (qui possèdent un sabot, comme la vache) et aux bifurqués (qui possèdent une pince, comme le porc). 5. Ou, selon une autre leçon (EPZΔS) : « que leur nature n'est pas terreuse ».

bénéfiques (en effet, elles n'empêchent pas la sensation **[651b]** et elles renforcent la santé et la puissance), mais lorsqu'elles sont en quantité excessive, elles corrompent et nuisent. Car si tout le corps devenait de la graisse et du suif, il périrait. En effet, il est un animal[1] en vertu de sa partie sensitive, et ce qui est sensitif c'est la chair ou son analogue ; or le sang, comme nous l'avons déjà dit[2], ne possède pas de sensibilité, et donc pas non plus la graisse et le suif, car ils sont du sang cuit. Par là même, si tout le corps devenait tel, il n'aurait aucune sensation. Aussi les animaux trop gras vieillissent-ils rapidement. En effet, ils ont peu de sang, dans la mesure où leur sang est dépensé dans du gras, et les animaux pauvres en sang sont prédisposés d'emblée à la destruction : car la destruction consiste en un manque de sang, et le sang qui se trouve en petite quantité est sujet à pâtir du premier coup de froid ou de chaud. De même, les animaux gras sont moins féconds que les autres, pour la même raison : car ce qui devrait aller du sang vers le sperme et vers la semence est dépensé dans la graisse et le suif ; après sa cuisson, en effet, le sang devient ces choses, de sorte qu'ou bien il ne se produit pas du tout de surplus pour les premiers, ou bien peu.

Au sujet du sang, du sérum, de la graisse et du suif, ce qu'est chacun d'eux et en vertu de quelles causes, nous l'avons dit.

---

1. Noter ce cas de prédication entre l'essence (en l'occurrence le genre) et l'objet concret, ou composé vivant. **2.** 650b 3-5.

1.16 Autre partie apparentée au sang : la moelle

II, 6

Quant à la moelle, elle est aussi une nature du sang et non, comme le pensent certains[1], une puissance séminale du sperme. C'est tout à fait clair chez les jeunes sujets : en effet, comme les parties sont constituées à partir de sang et que les embryons ont du sang pour nourriture, dans les os aussi la moelle est sanguine ; or avec la croissance et la cuisson, de la même manière que les parties et les viscères changent de couleur (car chez ceux qui sont encore jeunes, chacun des viscères, précisément, présente un excès de sang), ainsi la moelle ; et chez les animaux qui sont gras, elle est huileuse et semblable à de la graisse, tandis que chez ceux qui ne l'ont pas semblable à de la graisse, mais pour qui le sang après la cuisson devient du suif, elle ressemble à du suif. C'est pourquoi, chez les animaux qui portent des cornes et n'ont pas une double rangée de dents, elle ressemble à du suif, alors que chez les fissipèdes à double rangée de dents, elle est graisseuse. Mais c'est la moelle du rachis qui l'est le moins, parce qu'il faut qu'elle soit continue et s'étende à travers tout le rachis, divisé en vertèbres ; or, si elle était huileuse ou comme du suif, elle ne pourrait pas

1. Platon dans le *Timée* (73 b), comme certains auteurs du corpus hippocratique (voir, par exemple, *Des chairs* IV, 2), distingue entre moelle des os et moelle du cerveau.

être aussi continue, mais serait soit friable, soit liquide.

Certains animaux ne possèdent pas de moelle qui mérite qu'on en parle, tous ceux dont les os sont vigoureux et denses, comme c'est le cas du **[652a]** lion : les os de ce dernier, du fait qu'ils en contiennent une qui est complètement indistincte, semblent ne pas en posséder du tout ; mais puisqu'il est nécessaire que la nature des os appartienne aux animaux, ou l'analogue des os, par exemple l'arête aux animaux aquatiques, il est nécessaire que [5] de la moelle appartienne aussi à certains, puisque la nourriture dont se forment les os y est enfermée. Or nous avons dit plus haut[1] que le sang est la nourriture de tous ces animaux. Et il est conforme à la raison que les moelles soient à la fois comme du suif et comme de la graisse : car c'est par le réchauffement dû au fait qu'il est contenu par les os que le sang est cuit, et la cuisson par soi du sang [10] donne du suif et de la graisse. Ainsi, chez les animaux qui ont des os denses et vigoureux, il est conforme à la raison qu'il n'y en ait pas chez les uns, et peu chez les autres : car c'est dans les os que la nourriture est dépensée. Chez ceux, au contraire, qui ne possèdent pas d'os mais de l'arête, la seule moelle est celle du rachis : car c'est une propriété par nature de ces animaux d'avoir peu de sang, [15] et il n'y a que l'arête du rachis[2] qui soit creuse. Aussi est-ce dans celle-là que

1. 650b 3-5. Cela vaut aussi pour les non-sanguins, dont la nutrition est alors assurée par une partie analogue au sang.
2. Ou épine dorsale.

la moelle se trouve, car elle seule contient de l'espace et a en même temps besoin d'un lien à travers les ramifications. Aussi la moelle qui s'y trouve, comme nous l'avons dit, est-elle assez particulière : car du fait qu'elle vient à jouer le rôle d'une agrafe, elle est visqueuse et tendineuse, afin de pouvoir présenter une extension.

[20] Pour quelle raison, donc, les animaux qui possèdent de la moelle en possèdent, nous l'avons dit ; et ce qu'est la moelle, c'est manifeste à partir de ce qui précède, à savoir que, de la nourriture sanguine partagée dans les os ou l'arête, elle est le surplus enfermé dans les os qui a subi une cuisson.

1.2 Le cerveau

II, 7

Quant au cerveau, c'est presque à la suite qu'il faut en parler : [25] car beaucoup[1] sont d'avis que le cerveau lui aussi est de la moelle et qu'il est l'origine de la moelle, parce qu'ils constatent que la moelle du rachis est en continuité avec lui.

Or[2], il lui est tout à fait contraire de nature, pour ainsi dire : car le cerveau est la plus froide des parties

---

1. Notamment Platon (*Timée*, 73 c), malgré sa distinction entre plusieurs types de moelle. **2.** Le texte comporte ici un « de plus » (ἔτι δὲ), qui a généralement pour fonction d'introduire un nouvel argument au sein d'une liste, mais comme il introduit ici une première objection, il est difficile de le traduire ainsi.

du corps, alors que la moelle est de nature chaude ; ce qui le montre, c'est son caractère huileux et sa graisse. Aussi la moelle du rachis est-elle en continuité avec le cerveau : car la nature invente toujours, face à l'excès de chaque chose, un moyen de se tirer d'affaire en lui adjoignant la chose contraire, afin que la seconde égalise l'excès de la première. Que donc la moelle soit une partie chaude, beaucoup d'indices le montrent, et la froideur du cerveau est manifeste ne serait-ce qu'au toucher.

De plus, de toutes les parties humides qui se trouvent dans le corps, il est la moins sanguine (il ne contient pas la moindre trace de sang) et **[652b]** la plus aride ; or il n'est pas un surplus et ne se confond pas avec des parties en continuité avec lui ; en fait, sa nature est propre, et il est conforme à la raison qu'elle soit telle. Qu'il ne présente ainsi aucune continuité par rapport aux parties sensitives, c'est clair ne serait-ce qu'à la vue, et plus encore par le fait qu'il ne produit aucune sensation lorsqu'on le touche, pas plus que le sang ou le surplus des animaux.

Il est présent chez les animaux pour la conservation de leur nature tout entière. En effet, certains[1] soutiennent que l'âme de l'animal est du feu ou quelque puissance de cette sorte, faisant là une supposition grossière ; il serait sans doute mieux d'affirmer qu'elle se constitue dans un corps de cette sorte. Ce qui explique cette erreur[2], c'est que le chaud est

---

1. Notamment Démocrite (voir *De l'âme* I, 2, 403b 31).
2. Littéralement : « la cause de cela ».

le corps qui rend le plus de services aux fonctions de l'âme : en effet, nourrir et mouvoir sont des fonctions de l'âme, et ces choses se produisent surtout grâce à la puissance en question. Ainsi, c'est chose semblable d'affirmer que l'âme est du feu, et d'affirmer que le menuisier ou la menuiserie sont une scie ou une hache, au motif que l'œuvre est accomplie par l'étroite collaboration des deux[1]. Que donc il soit nécessaire que les animaux aient leur part de chaleur, c'est clair à partir de ces choses.

Or puisque toute chose a besoin d'une influence contraire afin d'atteindre le modéré et le milieu (car ce dernier possède l'essence, c'est-à-dire la définition[2], alors que les deux extrêmes ne la possèdent pas chacun de son côté), c'est pour cette raison qu'en opposition à l'emplacement du cœur et à la chaleur qui s'y trouve la nature a inventé le cerveau, et c'est à cette fin qu'appartient aux animaux cette partie, dont la nature tient à la fois de l'eau et de la terre. C'est pour cette raison que les sanguins possèdent tous un cerveau, à la différence de presque tous les autres, sauf si on veut parler par analogie, en mentionnant par exemple le poulpe : car tous ont peu de chaleur à cause de leur absence de sang. C'est donc le cerveau qui tempère la chaleur et le bouillonnement présents dans le cœur ; afin toutefois que cette partie aussi atteigne une chaleur modérée, partant des deux vaisseaux que sont le grand vaisseau

1. Littéralement : « par les deux étant proches l'un de l'autre ». 2. Le *logos*, ou raison immanente signifiée par la définition.

et celui qu'on appelle l'aorte, [30] les vaisseaux se terminent dans la membrane qui entoure le cerveau ; pour que la chaleur ne lui nuise pas, au lieu de grands vaisseaux peu nombreux, ce sont des vaisseaux denses et minces qui l'entourent, et au lieu d'un sang abondant et épais, un sang subtil et pur.

C'est pourquoi les écoulements[1] des corps se produisent au départ à partir de la tête, [35] dans tous les cas où ceux qui ont lieu autour du cerveau sont plus froids que le mélange moyen : en effet, pendant que la nourriture s'évapore à travers les vaisseaux, [653a] son surplus, refroidi à cause de la puissance qui caractérise ce lieu, produit des écoulements de mucus et de sérum. Or il importe de saisir, en comparant le petit au grand, que cela se produit de la même manière que la formation des pluies : en effet, [5] la vapeur qui s'élève de la terre et est portée par le chaud vers le lieu du haut, lorsqu'elle parvient dans l'air au-dessus de la terre, qui est froid, forme à nouveau de l'eau du fait de son refroidissement, et coule en bas vers la terre. Mais il conviendra de traiter ce sujet dans les *Origines des maladies*, pour autant qu'il appartient à la philosophie naturelle [10] d'en parler.

Cette partie produit aussi le sommeil chez les animaux qui possèdent un cerveau, et chez ceux qui n'en possèdent pas, c'est son analogue qui le fait. Car en refroidissant l'afflux de sang qui provient de la nourriture, ou pour d'autres raisons semblables, elle alourdit ce lieu (c'est pourquoi ceux qui

1. Ou : « les fluxions » (ῥεύματα).

s'endorment ont la tête qui tombe) et fait que le chaud se réfugie en bas avec le sang. C'est pourquoi une plus grande quantité de chaud qui se rassemble vers le lieu du bas provoque le sommeil, et retire aux animaux qui sont droits de nature la capacité de se tenir droits, aux autres, la position droite de la tête. Ce sujet a été traité séparément dans les leçons où nous avons apporté des précisions sur la sensation et sur le sommeil[1].

Que le cerveau tienne à la fois de l'eau et de la terre, le fait suivant le montre : lorsqu'on le fait cuire, il devient sec et dur, et l'élément terreux reste lorsque la chaleur a fait évaporer l'eau ; le cas est le même lorsqu'on fait cuire des petits pois ou d'autres graines, du fait qu'ils sont surtout à base de terre, lorsque s'en va l'humide qui leur est mêlé ; de fait, ces choses deviennent tout à fait dures et terreuses.

L'homme est l'animal qui possède le plus de cerveau[2] proportionnellement à sa taille, et au sein du genre humain les mâles en ont plus que les femelles : de fait, c'est chez lui que le lieu autour du cœur et du poumon est le plus chaud et le plus sanguin. Aussi est-il le seul des animaux qui se tienne droit : car la nature du chaud, lorsqu'elle gagne en force, produit la croissance à partir du centre selon son propre déplacement. Ainsi, une plus grande quantité d'humidité et de froid vient s'opposer[3] à cette chaleur

---

1. *Petits traités d'histoire naturelle*, *Du sommeil*, chapitres 2 et 3. **2.** Le superlatif πλεῖστον indique ici clairement que pour Aristote le cerveau est un tissu plutôt qu'un organe. **3.** Littéralement : « s'oppose », mais il ne faut pas prendre ce importante, et à cause de cette abondance c'est [35] l'os qui entoure la tête qui coagule en dernier (celui que certains[1] appellent le *bregma*), du fait qu'il met beaucoup de temps à évacuer le chaud ; ce phénomène n'a lieu chez aucun des autres animaux sanguins.

C'est l'homme qui possède aussi le plus de sutures[2] autour de la tête, **[653b]** et le mâle plus que les femelles, pour la même raison, à savoir pour que ce lieu soit bien ventilé, et davantage le cerveau plus abondant. En effet, humidifié ou asséché davantage, il ne pourra pas accomplir la fonction qui est la sienne, mais soit il ne fera pas refroidir, soit il fera coaguler, de sorte qu'il [5] produira des maladies, des troubles mentaux et des accidents mortels : car le chaud situé dans le cœur, c'est-à-dire le principe, est très sensible et produit rapidement une sensation lorsque le sang autour du cerveau subit le moindre changement.

[10] Nous avons donc traité pratiquement de toutes les parties humides qui se trouvent chez les animaux dès leur naissance ; parmi celles qui apparaissent ultérieurement, il y a les surplus de la nourriture, le résidu de la vessie et celui de l'estomac, auxquels s'ajoutent le sperme et le lait chez ceux qui possèdent naturellement chacun de ces liquides. Si donc [15] l'exposé qui concerne les surplus de la nourriture a sa place appropriée dans l'examen et

---

terme en un sens logique ; il s'agit du froid qui vient équilibrer le chaud dans le cas particulier de l'homme.

1. Allusion au corpus hippocratique. 2. Il s'agit sans doute des fontanelles.

l'étude de la nutrition (quels sont les animaux auxquels ils appartiennent et pour quelles raisons), ceux qui portent sur le sperme et le lait trouvent quant à eux leur place dans les leçons sur la génération : car l'un d'eux est principe de la génération, et l'autre existe en vue de la génération.

1.3 La chair

II, 8

Il faut examiner les autres parties homéomères, d'abord la chair chez les animaux qui en ont[1], et son analogue chez les autres : car c'est cela qui est principe et corps par soi pour les animaux. C'est clair aussi selon le raisonnement[2] : en effet, nous définissons l'animal par le fait de posséder la sensation, et d'abord la sensation première ; il s'agit là du toucher, et l'organe sensoriel qui correspond à ce dernier est la partie qui est telle, soit à titre premier, comme c'est le cas de la pupille pour la vue, soit en incluant le milieu[3], comme au cas où on ajouterait à la pupille l'ensemble du diaphane[4]. Dans le

---

1. Littéralement : « qui possèdent des chairs ». 2. Ou : « selon la définition » (λόγος). 3. Littéralement : « le "ce à travers quoi" (δι' οὗ) pris avec elle ». L'organe sensoriel est *stricto sensu* la partie qui reçoit l'impression, mais aucune impression ne serait reçue si cette partie n'était pas dans le milieu qui la transmet. L'œil ne verrait rien si la lumière ne brillait pas dans le milieu transparent, ou diaphane (voir, dans les *Petits traités d'histoire naturelle*, *De la sensation et des sensibles*, chapitre 3). 4. Voir *De l'âme* II, 7.

cas des autres sensations, il était impossible et absolument inutile à la nature de produire cela, mais dans le cas de l'organe tactile c'était une nécessité : car parmi [30] les organes sensoriels, lui seul, ou lui surtout, est solide ; et à la sensation, il est manifeste que tout le reste existe pour celui-ci – je veux parler par exemple des os, de la peau[1], des tendons, des vaisseaux, et même des poils, du genre des ongles, etc. Car la nature des os a été fabriquée en vue de la sauvegarde du mou, elle qui est de nature dure, [35] chez ceux qui possèdent des os ; et chez ceux qui ne possèdent pas d'os, c'est son analogue, par exemple l'arête chez certains poissons, chez d'autres le cartilage.

Si donc certains animaux ont à l'intérieur cette sorte de secours, certains [654a] non-sanguins l'ont à l'extérieur, comme c'est le cas de chacun des crustacés, par exemple des crabes et du genre des langoustes, et il en va de même pour le genre des testacés, par exemple ceux qu'on appelle huîtres : chez tous ces animaux, le charnu est à l'intérieur, tandis que [5] le terreux situé à l'extérieur maintient et protège ; c'est en effet pour protéger leur maintien – comme la nature de ces animaux, qui sont des non-sanguins, possède peu de chaud – que la coquille, comme une sorte de couvercle qui entoure[2], protège le chaud qui a été

1. Le grec comporte ici un pluriel, sans doute générique (la peau, quelle qu'elle soit). 2. En suivant la leçon majoritaire ; Z et Δ donnent le neutre au lieu du masculin, ce qui donne : « … que la coquille qui entoure comme une sorte de couvercle, protège le chaud… ».

enflammé. La tortue et le genre des tortues d'eau douce semblent être disposés de la même manière que les précédents, bien que leur genre soit différent.

Quant aux animaux divisés en sections[1] et aux céphalopodes[2], ils sont constitués à la fois de façon contraire aux précédents et de façon opposée entre eux : en effet, ils ont l'air de ne posséder aucune partie osseuse ni de partie terreuse distincte qui mériterait qu'on en parle ; en fait, les céphalopodes sont pratiquement tout entiers charnus et mous, mais afin que leur corps ne soit pas facile à détruire comme c'est le cas des parties charnues, ils ont une nature intermédiaire entre la chair et le tendon. En effet, leur corps est souple comme de la chair, mais extensible comme du tendon ; et il présente une division de la chair, non pas rectiligne mais en cercles : une telle disposition du corps peut sans doute être très utile pour la force. Un analogue de l'arête des poissons est aussi présent en eux, par exemple, chez les seiches, ce qu'on appelle l'os de seiche, et

1. Autrement dit les insectes ; mais l'adjectif ἔντομος n'est pas substantivé ici, car il désigne les traits de certains animaux (« ceux qui parmi les animaux sont divisés en sections »).
2. On pourrait être tenté de traduire μαλακία par « mollusques », mais ce terme ne désigne pas la totalité de nos mollusques, puisque en sont exclus les testacés. Aristote distingue les céphalopodes (μαλακία), dont le corps est globalement mou, les testacés (ὀστρακόδερμα, littéralement : « qui ont la peau comme du tesson »), qui possèdent une partie dure distincte à l'extérieur, et les crustacés (μαλακόστρακα, littéralement : « qui ont les os mous »), dont la chair est enveloppée d'une enveloppe plus rigide. Ces trois genres constituent avec les insectes l'ensemble des non-sanguins.

chez les calmars ce qu'on appelle l'épée. En revanche, ceux qui font partie des poulpes ne possèdent rien de tel, du fait que la cavité qu'on appelle leur tête est petite, tandis que le reste est d'une bonne longueur. Aussi est-ce pour qu'ils se tiennent droits et ne se plient pas que **[25]** la nature a dessiné ces traits, de même qu'elle a dessiné de l'os à certains sanguins, et de l'arête à d'autres.

Quant aux insectes, ils sont disposés de façon contraire à la fois à ceux-ci et aux sanguins, comme nous l'avons dit. En effet, ils ne possèdent aucune partie dure délimitée, tandis qu'une autre serait molle, mais tout leur corps est dur, de cette sorte de dureté qui est plus charnue que de l'os, mais **[30]** plus osseuse et plus terreuse que de la chair, afin que leur corps ne soit pas facilement divisible.

1.4 Les os

II, 9

La nature des os et celle des vaisseaux sont disposées de la même manière. En effet, chacune des deux part d'une chose unique pour former un continu. Ainsi[1], aucun os n'existe séparément, mais l'os existe soit comme partie d'un continu, soit contigu et relié à un autre, afin que la nature l'utilise **[654b]** comme quelque chose d'un et de continu et en même temps comme deux choses distinctes[2] pour la flexion ; de

1. Nous prenons le καὶ (« et ») comme introduisant une explicitation. 2. Ou : « divisées ».

même, aucun vaisseau n'existe isolément, mais tous constituent les parties d'un unique vaisseau. Car s'il y avait un os séparé, il ne pourrait pas accomplir la fonction pour laquelle existe la nature des os (il ne pourrait être cause d'aucune flexion ni d'aucune position droite s'il était non pas continu mais interrompu), et, de plus, il entraînerait des dommages comme une arête ou une pointe plantée dans les chairs ; et s'il y avait un vaisseau séparé, sans continuité avec l'origine, il ne pourrait conserver le sang qu'il contient : car la chaleur qui provient de cette origine empêche le sang de coaguler, tandis que celui qui est séparé semble précisément pourrir.

Or l'origine des vaisseaux, c'est le cœur, tandis que celle des os, pour tous les animaux qui possèdent des os, est ce qu'on appelle le rachis, à partir duquel la nature des autres os forme un continu. Car ce qui maintient la longueur et la position droite des animaux, c'est le rachis. Or puisqu'il est nécessaire que, lorsque l'animal bouge, le corps présente une flexion, le rachis est un par sa continuité, mais possède plusieurs parties à cause de la distinction des vertèbres. Chez les animaux qui ont des membres qui partent de lui et se trouvent dans sa continuité, les os de ces membres font partie des emboîtements : dans la mesure où les membres présentent une flexion, ils sont liés à des tendons et leurs extrémités s'emboîtent, avec l'une qui est creuse, l'autre ronde, ou avec les deux creuses mais entourant au centre un astragale, comme une cheville, afin que se produisent flexion et extension ; car autrement, ou bien ce serait totalement impossible, ou bien ils ne pourraient pas produire correctement le mouvement qui est tel. Certains os, qui ont [25] deux à deux le début et la fin semblables[1], sont liés par des tendons. Il y a aussi des parties cartilagineuses entre les flexions, tel un enduit, pour éviter que les os frottent les uns contre les autres.

Autour des os, ont poussé les chairs, jointes à eux par des liens minces et fibreux : c'est pour elles qu'existe le genre des os. En effet, de même que ceux qui façonnent un animal à partir d'argile [30] ou d'un autre assemblage humide prennent comme support un corps solide, pour ensuite réaliser autour un tel modelage, c'est de la même manière que la nature a fabriqué l'animal à partir des chairs. Généralement, donc, des os servent de support aux parties charnues : en vue du mouvement pour celles qui sont mues par flexion, et [35] en vue de leur protection pour celles qui sont immobiles. Par exemple, les côtes qui enserrent la poitrine sont là pour la sauvegarde [655a] des viscères situés autour du cœur ; mais les parties qui sont autour de l'estomac sont dépourvues d'os chez tous les animaux, de façon à ce qu'elles n'empêchent pas le gonflement que produit nécessairement la nourriture chez les animaux, et, dans le cas des femelles, la croissance des embryons qui a lieu en elles.

Les [5] animaux vivipares en eux et à l'extérieur[2] ont, d'une espèce à l'autre, des os très voisins en puissance et en force. En effet, tous les animaux de cette sorte sont beaucoup plus grands que ceux qui

1. Et ne peuvent donc pas s'emboîter. 2. À distinguer des ovovivipares (par exemple, la vipère).

ne sont pas vivipares, pour parler selon la proportion des corps : car il est des endroits où s'avèrent exister beaucoup de grands vivipares, par exemple en Libye et dans les lieux chauds ou secs. Chez les grands animaux, il y a besoin de soutiens plus forts, plus grands et plus durs, et plus encore chez ceux qui sont plus violents. Aussi les os des mâles sont-ils plus durs que ceux des femelles, et ceux des carnivores que ceux des autres (car la nourriture leur advient par combat), comme c'est le cas de ceux du lion : il en possède d'une nature tellement dure qu'ils s'enflamment lorsqu'on les frappe, de la même manière que le feu jaillit des pierres. Le dauphin aussi possède, non des arêtes, mais des os, car il est vivipare. Quant aux sanguins non vivipares, leur nature dévie un peu : par exemple, les oiseaux ont des os, mais plus faibles, les poissons ovipares, une arête, et les serpents ont des os de la nature de l'arête, sauf ceux qui sont excessivement grands. Ces derniers, pour les mêmes raisons que les vivipares, ont besoin d'une ossature plus forte pour avoir de la force.

Les poissons appelés sélaciens ont une nature à arêtes cartilagineuses : car il est nécessaire que leur mouvement soit plus fluide, si bien qu'il faut aussi que la nature de leurs soutiens soit non pas friable mais plus molle, et la nature a dispensé tout le terreux à leur peau ; or la nature est impuissante à distribuer en même temps en plusieurs lieux la même chose en grande quantité[1]. Chez les vivipares aussi,

1. Littéralement : « le même excès ».

il y a beaucoup d'os qui sont cartilagineux, dans tous les cas où il est profitable que [30] le solide soit mou et muqueux en raison de la chair qui se trouve autour, comme cela se produit autour des oreilles et des narines : car les parties friables s'effritent rapidement dans les membres qui dépassent. La nature du cartilage et celle de l'os sont la même, mais elles diffèrent par le plus et le moins : c'est pourquoi aucun des deux ne s'accroît une fois coupé.

Ainsi, chez les animaux qui vivent au sol, les cartilages sont sans moelle, la moelle étant séparée : car cette partie séparée, une fois mélangée à l'ensemble, rend mou et juteux[1] l'assemblage du cartilage ; chez les sélaciens, en revanche, le rachis [655b] est cartilagineux mais contient de la moelle : car au lieu d'os, ils ont cette partie.

Se rapprochent des os, au toucher, des parties telles que les ongles, les sabots, les pinces, les cornes, ainsi que les becs des oiseaux. Toutes [5] ces parties, les animaux les possèdent pour assurer leur secours : car les touts qui sont formés de ces parties et leur sont synonymes, par exemple le sabot tout entier et la corne tout entière, ont été fabriqués dans chaque cas en vue de leur sauvegarde. La nature des dents relève elle aussi de ce genre : elle appartient aux uns pour une fonction unique, l'élaboration de la

---

1. Le terme est ζυμώδη, qui peut aussi faire allusion à un processus de fermentation (par exemple *Timée* 74 c-d). La leçon μυξώδη (« muqueux »), que Pierre Louis considère comme plus facile, est attestée par U (mais non par S qui en est proche) et par Y (peu crédible).

nourriture[1], **[10]** aux autres à la fois pour cela et pour la lutte, comme c'est le cas de tous les animaux à dents de scie ou à dents saillantes. Par nécessité, toutes ces choses ont une nature terreuse et solide : car telle est la puissance d'une arme. C'est pourquoi toutes les parties de cette sorte sont présentes davantage chez les animaux vivipares quadrupèdes, du fait qu'ils ont **[15]** tous une composition plus terreuse que le genre humain.

En fait, au sujet de ces parties et de celles qui leur font suite, par exemple la peau, la vessie, la membrane, les poils, les plumes et leurs analogues, et de toute autre de même sorte, c'est plus tard, en même temps que les parties anhoméomères, qu'il faudra étudier leur cause[2], c'est-à-dire en vue de quoi **[20]** chacune appartient aux animaux : car il est sans doute nécessaire de connaître ces parties, de même que les précédentes, à partir de leurs fonctions. Mais parce que ces parties sont synonymes de leurs touts, elles ont leur place parmi les homéomères dont nous venons de parler. L'os et la chair sont principes de toutes ces parties. En outre, nous avons laissé de côté la semence et le lait au cours de notre **[25]** étude des parties humides et homéomères : leur examen trouve sa place dans les leçons sur la génération, car le premier est principe, le second nourriture des animaux qui naissent.

---

1. Ou : « l'activité de la nutrition ». **2.** C'est-à-dire ici leur explication, qui ne fait pas intervenir une seule cause proprement dite.

2. L'ORGANISATION DES PARTIES EXTERNES DES SANGUINS (JUSQU'AU COU)

II, 10

Reprenons maintenant notre exposé comme si nous partions du début, en commençant par ce qui vient en premier. Pour tous les animaux achevés[1], en effet, **[30]** les parties les plus nécessaires sont deux : celle par laquelle ils reçoivent la nourriture et celle par laquelle ils rejettent le surplus ; car il n'est possible ni d'exister ni de grandir sans nourriture. Les plantes, en ce qui les concerne (car nous affirmons qu'elles vivent aussi), ne possèdent pas de lieu pour le surplus inutile : car elles tirent de la terre **[35]** leur nourriture toute cuite, et libèrent en retour les semences et les fruits. Or, chez tous les vivants, ce qui tient le milieu entre ces deux-là constitue la troisième partie, en quoi se trouve le principe de la vie. Ainsi, comme la nature des plantes **[656a]** consiste à rester fixes[2], elles ne présentent pas plusieurs formes de parties anhoméomères[3] : car pour peu d'actions elles n'ont l'usage que de peu d'instruments ; aussi

1. Le terme τέλειος sert à opposer les animaux « dignes de ce nom » aux plantes, car on sait que certains sont intermédiaires entre les deux. Voir 681a 15 *sq.* 2. Littéralement : « la nature des plantes étant fixe », ce qui doit s'entendre avant tout au sens spatial (les plantes ne se déplacent pas). Notons au passage que la fixité ne suffit pas à distinguer la plante de l'animal, car certains animaux comme les testacés n'ont pas de mouvement propre. 3. Voir *De l'âme* II, 1 (412b 1-3) pour une remarque semblable.

faudra-t-il étudier leur structure séparément. En revanche, les êtres qui, en plus de vivre, possèdent la sensation, ont une structure plus multiforme – certains l'emportant sur d'autres – et plus variée, tous ceux dont la nature prend part non seulement au vivre mais aussi au bien-vivre[1].

Tel est le cas du genre humain : car parmi les animaux que nous connaissons, il est le seul qui participe du divin, ou celui qui y participe le plus. Ainsi, pour cette raison, et parce que la configuration de ses parties externes est la plus connue, il faut parler de lui en premier. Car d'abord, il n'y a que chez lui que les parties naturelles, précisément, soient disposées selon la nature, c'est-à-dire son haut disposé en haut vers celui de l'univers : car l'homme est le seul animal à se tenir droit.

2.1 La tête

2.11 Le principe des sens n'est pas dans la tête

Ainsi, le fait qu'il ait la tête dépourvue de chairs résulte nécessairement de ce que nous avons dit en ce qui concerne le cerveau. Car il n'est pas vrai, comme certains le disent[2], que si sa tête était charnue le genre humain aurait la vie plus longue ; en fait, ils

---

1. La possession de la sensation représente un « plus » (le bien-vivre) par rapport à la seule fonction vitale de nutrition et de reproduction, et va de pair avec une complexité de chaque animal (affectation d'un organe différent à une activité différente), qui entraîne du même coup une profusion dans la variété des espèces. **2.** Platon dans le *Timée* (75 b).

affirment que c'est en vue d'une bonne sensibilité[1] que sa tête est dépourvue de chairs : car d'une part c'est par le cerveau qu'on sentirait, et d'autre part les parties trop charnues ne laisseraient pas passer la sensation. Aucun de ces deux arguments n'est vrai ; bien plutôt, **[20]** si le lieu autour du cerveau abondait en chairs, le cerveau accomplirait le contraire de ce pour quoi il appartient aux animaux (car il ne pourrait pas refroidir s'il était lui-même trop chaud), et il n'est cause d'aucune sensation, lui qui est tout aussi insensible que n'importe quel surplus. Mais faute de trouver **[25]** la cause qui fait que certains sens sont situés dans la tête des animaux, et constatant que cette partie est plus particulière que les autres, ils assemblent dans leur raisonnement les deux faits.

2.12 Organes sensoriels situés sur la tête

Que le lieu situé autour du cœur soit le principe des sens, nous l'avons précisé antérieurement dans nos leçons sur la sensation[2], ainsi que la raison pour laquelle les deux premiers **[30]** sont manifestement rattachés au cœur, à savoir le toucher et le goût ; celui de l'odorat tient le milieu entre les deux[3] ; quant à l'ouïe et la vue, elles sont situées surtout dans la tête, à cause de la nature de leurs organes sensoriels ;

1. Ou : « pour faciliter la sensation ». 2. *Petits traités d'histoire naturelle, De la jeunesse*, chapitre 3. 3. Littéralement : « parmi les trois, celui de l'odorat est médian ». Il ne s'agit pas de dire que l'odorat est intermédiaire entre les autres sens, comme le laisse entendre Pierre Louis, mais qu'il est intermédiaire, comme troisième, entre les deux précédents.

parmi ces sens, la vue se trouve à cet endroit chez tous les animaux, sachant que l'ouïe et l'odorat **[35]** confirment notre propos dans le cas des poissons et des animaux de même sorte : car s'ils entendent et perçoivent des odeurs, ils n'ont toutefois dans la tête aucun organe sensoriel manifeste qui corresponde à ces sensibles.

Or il est conforme à la raison que la vue, chez tous les animaux qui la possèdent, soit située autour du **[656b]** cerveau : car celui-ci est humide et froid, et elle possède la nature de l'eau ; cette dernière, en effet, est la chose transparente la plus facile à garder. De plus, il est nécessaire que les sensations plus nettes se produisent dans les parties qui contiennent un sang plus pur, **[5]** car le mouvement de la chaleur contenue dans le sang brise la sensation en acte[1] : ce sont ces causes qui font que les organes sensoriels correspondants sont dans la tête. Or ce n'est pas seulement le devant qui est dépourvu de chairs, mais aussi le derrière de la tête, du fait que, chez tous les animaux qui en possèdent une, cette partie doit être très droite : car rien **[10]** ne peut se redresser de ce qui porte un fardeau, et l'animal serait dans ce cas s'il avait la tête charnue. Par là, il est clair que ce n'est pas en vue de la sensation du cerveau que la tête est dépourvue de chairs : car ce qui se trouve derrière ne contient pas de cerveau mais est tout autant dépourvu de chairs.

Conformément à la raison, certains animaux ont aussi l'ouïe dans le lieu autour de **[15]** la tête : car

---

1. Littéralement : « l'actualité sensitive ».

ce qu'on appelle vide est en réalité plein d'air, et nous affirmons que l'organe sensoriel de l'ouïe est fait d'air. Ainsi, à partir des yeux, les conduits portent l'impression sensorielle vers les vaisseaux qui entourent le cerveau, et de même, à partir des oreilles, il y a pareillement un passage qui rejoint ce qui est derrière. Or le sensitif, ce n'est ni le sang, ni quoi que ce soit de non sanguin, mais une des choses formées de sang. C'est pourquoi, chez les sanguins, rien de non sanguin n'est sensitif, et pas non plus le sang lui-même : car il ne s'agit pas d'une partie des animaux[1]. Tous les animaux qui possèdent un cerveau ont cette partie sur le devant, du fait que la sensation se dirige vers ce qui est devant[2], que la sensation provient du cœur, que ce dernier se trouve dans les parties de devant, que le sentir a lieu grâce aux parties sanguines, et que la cavité de derrière est vide de vaisseaux.

Il est conforme au beau que les organes sensoriels aient été placés par la nature de la façon suivante : ceux de l'ouïe sur le diamètre[3] de la circonférence (car on n'entend pas seulement en ligne droite mais dans toutes les directions), la vue vers le devant (en effet, on voit en ligne droite, le mouvement se fait vers le devant, et il faut voir à l'avance vers quoi se dirige le mouvement), et le sens de l'odorat entre les yeux, conformément à la raison. Car chacun des

---

1. Le sang comme tel est un homéomère et ne peut donc pas être une partie sensitive de l'animal. 2. Les manuscrits ΖΔΠ portent ἐφ' ᾧ au lieu de ἐφ' ὅ, ce qui donne : « ce dont dépend la sensation se trouve devant ». 3. Littéralement : « au centre ».

organes sensoriels est double, parce que le corps est double selon la droite et la gauche. Or cela n'est pas clair dans le cas du toucher : la cause en est que l'organe sensoriel premier n'est pas la chair et la partie qui est telle, mais un organe situé à l'intérieur ; dans le cas de la langue, c'est moins clair que pour d'autres sens, mais plus que pour le toucher (car **[657a]** ce sens est lui aussi comme une sorte de toucher). Cependant, c'est clair aussi en ce qui le concerne : car cet organe apparaît divisé. Dans le cas des autres organes sensoriels, la bipartition du sens est plus manifeste : car les oreilles et les yeux sont au nombre de deux, et la puissance des narines présente un double développement ; or, si elle était disposée d'une autre manière et éparpillée, comme le sens de l'ouïe, elle ne pourrait pas accomplir sa fonction, pas plus que la partie dans laquelle elle se trouve : car c'est grâce à la respiration que les animaux qui possèdent des narines ont ce sens, et cette partie est située au milieu et dans les parties antérieures. C'est pourquoi la nature a rassemblé les narines au centre des trois organes sensoriels, en une sorte d'alignement, afin de permettre le mouvement de la respiration.

II, 11

Chez les autres animaux aussi, ces organes sensoriels sont disposés d'une manière conforme au beau, selon la nature propre de chacun. En effet, à ce qu'il pourrait sembler, les quadrupèdes ont les oreilles détachées et au-dessus des yeux ; or il n'en est rien, mais c'est une apparence due au fait que **[15]** les animaux[1] ne se tiennent pas droits mais penchés. Comme ils se meuvent ainsi la plupart du temps, leurs oreilles sont utiles par leur suspension et leur mouvement : car comme elles tournent en tous sens, elles reçoivent mieux les sons.

II, 12

Les oiseaux possèdent seulement les conduits auditifs, à cause de la dureté de leur peau et du fait qu'ils ne possèdent pas de poils mais sont pourvus de plumes : ils ne possèdent donc pas **[20]** une matière qui aurait permis à la nature de leur façonner des oreilles. Il en va de même des quadrupèdes ovipares pourvus d'une carapace : en effet, le même raisonnement pourra s'appliquer à eux. Parmi les vivipares, le phoque possède lui aussi, non des oreilles, mais des conduits auditifs, du fait que c'est un quadrupède mutilé.

2.13 Les paupières

II, 13

Les hommes, les oiseaux, les vivipares et les quadrupèdes ovipares possèdent une protection pour la vue, les vivipares deux paupières, qui leur permettent de cligner des yeux, tandis que les oiseaux,

---

1. Non pas seulement les animaux en question, mais tous les animaux autres que l'homme, qui est le seul à se tenir droit.

notamment ceux à vol pesant[1], comme aussi les quadrupèdes ovipares, ferment les yeux grâce à la paupière inférieure ; mais c'est généralement au moyen d'une membrane, à partir des coins, que les oiseaux clignent des yeux. La cause du fait qu'ils possèdent une protection, c'est que leurs yeux sont humides, afin que de cette manière, par l'action de la nature, ils aient la vue perçante. Car avec une peau rigide ils seraient davantage à l'abri des projections extérieures mais ils n'auraient pas la vue perçante. C'est donc pour leur bien-être que la peau qui entoure la pupille est mince, et pour leur conservation qu'ils ont des paupières : c'est pour cette raison qu'ils clignent tous des yeux, et surtout l'homme, afin pour tous de faire obstacle avec leurs paupières aux projections (et cela **[657b]** ne procède pas d'un choix réfléchi mais c'est la nature qui l'a fait), et c'est l'homme qui cligne des yeux le plus souvent, du fait qu'il a la peau la plus mince. La paupière est entourée de peau : c'est pourquoi ni une paupière ni un prépuce ne repoussent, étant donné qu'il s'agit de peaux sans chair.

Les oiseaux qui ferment les yeux au moyen de la paupière inférieure, ainsi que les quadrupèdes ovipares, le font ainsi à cause de la dureté de la peau qui entoure leur tête. Car parmi les animaux à plumes, ceux qui ont le vol pesant ont l'accroissement des plumes tourné vers l'épaisseur de la peau, du fait qu'ils ne sont pas propres à voler. C'est pourquoi ces oiseaux-là ferment les yeux avec la paupière

1. Littéralement : « les oiseaux lourds ».

inférieure, tandis que les pigeons et ceux de même sorte le font avec les deux paupières.

Les ovipares quadrupèdes ont des carapaces : ces choses sont toutes plus dures que du poil, de sorte que leur peau l'est plus que la peau ordinaire. Ainsi, la peau autour de leur tête est dure, et c'est pourquoi ils n'ont pas de paupière à cet endroit-là, alors que celle du bas est charnue, si bien que cette paupière est mince et extensible.

Les oiseaux à vol pesant clignent des yeux, non au moyen de cela, mais grâce à leur membrane, parce qu'une paupière bouge lentement, alors qu'il faut que le mouvement soit rapide : or la membrane est quelque chose qui permet cela. C'est à partir du coin situé près des narines qu'ils clignent des yeux, étant donné qu'il est meilleur que leur nature provienne d'un principe unique ; or ces oiseaux ont pour principe l'extension de la narine[1], et le devant est principe plutôt que le côté.

Les quadrupèdes ovipares ne clignent pas des yeux de la même manière parce qu'il ne leur est pas nécessaire, à eux qui vivent sur la terre, d'avoir une vue humide et nette, alors que pour les oiseaux c'est nécessaire : car c'est de loin qu'ils se servent de leur vue. Aussi les oiseaux à serres ont-ils la vue perçante (car ils aperçoivent la nourriture d'en haut, et c'est pourquoi ce sont ces oiseaux-là qui volent le plus haut), tandis que ceux qui vivent à terre et ne

1. Littéralement : « la "partie" qui pousse contre (πρόσφυσις) la narine », c'est-à-dire le bec, dont Aristote parlera un peu plus loin.

sont pas propres à voler, par exemple les poules et ceux de même sorte, n'ont pas la vue perçante : car ils n'en ont aucun besoin pressant pour leur vie.

Les poissons, les insectes et les animaux à peau dure ont des yeux différents, mais aucun d'eux ne possède de paupières. En effet, les animaux à peau dure n'en possèdent tout simplement pas[1], et l'usage de la paupière a un mode d'opération[2] rapide qui repose sur la peau ; mais au lieu de cette protection, tous ont les yeux durs, et voient pour ainsi dire à travers une paupière greffée sur l'œil. Or puisqu'ils ont une vue nécessairement plus émoussée à cause de la dureté de leurs yeux, la nature a produit pour les insectes des yeux mobiles, qui le sont **[658a]** encore plus pour les animaux à peau dure, comme les oreilles de certains quadrupèdes, afin qu'ils puissent voir avec acuité en se tournant vers la lumière pour recevoir l'éclat du jour.

Quant aux poissons, ils ont bien[3] les yeux humides, car l'usage à grande distance de la vue est nécessaire aux animaux qui effectuent de grands mouvements. Si donc, pour les animaux qui vivent au sol, il est facile de voir à travers l'air, chez les précédents, en revanche, puisque l'eau est incompatible avec une vue perçante mais ne contient pas autant d'obstacles à la vue que l'air, pour cette raison ils ne possèdent pas de paupières (car la nature ne

---

1. En prenant le ὅλως comme portant sur la négation, et non comme un « en général » qui qualifierait la catégorie des animaux à peau dure. **2.** C'est ainsi que nous rendons le terme ἐργασία. **3.** Ce μὲν d'insistance manque dans USΣ.

fait rien en vain), mais ont les yeux humides pour contrer l'épaisseur de l'eau.

2.14 Les poils

II, 14

Les animaux qui ont des poils ont des cils aux paupières, et pas les oiseaux ni aucun de ceux qui ont une carapace, car ils ne possèdent pas de poils. Car[1] pour ce qui est de l'autruche[2], nous donnerons l'explication plus tard : cet animal, en effet, possède des cils.

Et parmi les animaux qui possèdent des poils, seuls les hommes en possèdent des deux côtés. En effet, les animaux quadrupèdes ne possèdent pas de poils dans les parties du dessous, mais plutôt dans celles du dessus ; les hommes, au contraire, en possèdent plus dans celles du dessous que du dessus. Car c'est en vue de les abriter que les poils appartiennent aux animaux qui en possèdent : ainsi, chez les quadrupèdes, les parties du dessus ont plus besoin d'être abritées, tandis que celles de devant[3] sont certes plus précieuses mais se réchauffent par la

---

1. Nous conservons le γὰρ (« car », « en effet ») de la majorité des manuscrits, contre Z et Δ. 2. Appelée « moineau de Libye » par Aristote. Le dernier chapitre de l'œuvre (IV, 14) lui est consacré. 3. Qui se trouvent en fait dessous, car comme ils marchent à quatre pattes, ces animaux ne se tiennent pas droits et ont donc les parties antérieures (définies en fonction de celles qui se trouvent chez l'homme dans le sens de la marche) plus basses que les parties postérieures.

flexion ; mais chez les hommes, comme les parties de devant, à cause de la station droite, se trouvent au même niveau que celles de derrière, la nature a dessiné un secours pour les parties plus précieuses : car toujours, à partir des possibles, elle est cause de ce qui est mieux[1]. C'est pour cette raison qu'aucun des quadrupèdes ne possède de cil inférieur (de rares poils sous la paupière en question poussent cependant chez certains), ni de poils sous les aisselles ou au pubis comme c'est le cas pour les hommes ; mais au lieu de cela, les uns sont couverts de poils sur tout le dessus du corps, par exemple le genre des chiens, d'autres possèdent une houppe, comme c'est le cas des chevaux et des animaux de même sorte, d'autres une crinière, comme le lion mâle.

De plus, chez tous les animaux possédant une queue notable, la nature a orné celle-ci de poils, longs chez ceux qui ont un petit appendice, comme les chevaux, courts chez ceux qui en ont un grand, et en fonction de la nature du reste du corps : car partout elle donne à une partie ce qu'elle a pris ailleurs ; et ceux à qui elle a fait un corps trop velu

---

1. Principe fondamental de l'explication téléologique chez Aristote : le ἀεὶ (« toujours ») ne porte pas sur les possibles mais sur le fait de réaliser ce qui est relativement meilleur (noter le comparatif) dans une situation donnée, c'est-à-dire compte tenu du matériau disponible. Ce matériau se caractérise comme possible (ou « contingent »), dans la mesure où il n'est utilisable que s'il est présent dans la nature matérielle de l'animal. Son utilisation ne devient nécessaire que s'il est le seul matériau disponible à présenter telle qualité indispensable à la réalisation d'une fonction qui définit la vie même de l'animal considéré.

[658b] manquent de poils autour de la queue, comme cela s'est produit chez les ours.

Pour ce qui est de sa tête, l'homme est le plus velu des animaux, par nécessité d'une part, à cause de l'humidité de son cerveau et à cause des sutures (car c'est là où il y a le plus d'humide et de chaud que la pousse est nécessairement la plus importante), d'autre part pour un secours, de façon à ce que les cheveux fournissent un abri protecteur contre les excès du froid et de la chaleur. Or comme le cerveau des hommes est le plus important et le plus humide, il a aussi besoin de la protection la plus importante : car c'est ce qui est très humide qui bout et se refroidit le plus, alors que ce qui est disposé de façon contraire est moins affecté. Mais tout en suivant l'explication relative aux cils, nous sommes sortis de notre sujet, du fait de la parenté de ces questions, si bien qu'il faudra faire mention de ce qui reste en des occasions plus appropriées.

II, 15

Les sourcils et les cils existent les uns et les autres en vue d'un secours, les sourcils contre les liquides qui descendent, de façon à protéger, comme le rebord d'un toit, des liquides provenant de la tête, et les cils, contre les projections dirigées vers les yeux, un peu comme les palissades qu'on dresse parfois en avant des remparts. Or les sourcils se trouvent sur un assemblage d'os, et c'est pourquoi ils se couvrent souvent de poils chez les gens qui vieillissent, à tel point qu'ils ont besoin d'être tondus ; les cils, eux, se trouvent aux confins de petits vaisseaux : car là où la peau finit, les petits vaisseaux aussi atteignent la limite de leur longueur, de sorte qu'il est nécessaire, à cause de l'humeur corporelle qui s'en va, qu'à moins que quelque chose empêche l'œuvre de la nature pour un autre usage, des poils se forment pour cette raison, par nécessité, à ces endroits-là.

2.15 L'organe de l'odorat

II, 16

Chez les quadrupèdes vivipares en général, l'organe sensoriel de l'odorat n'est d'une certaine manière pas éloigné d'un cas à l'autre ; en fait, chez ceux qui ont des mâchoires oblongues qui se prolongent en une avancée étroite, la partie formée par les narines se situe dans ce qu'on appelle le bec[1], de la manière dont c'est possible, tandis que chez les autres cette partie est davantage articulée[2] aux mâchoires ; mais c'est l'éléphant qui, de tous les animaux, possède cette partie sous la forme la plus originale : car elle présente chez lui une taille et une

1. En l'occurrence, chez les quadrupèdes vivipares, il s'agit d'un museau, mais Aristote emploie le même terme à propos des oiseaux. **2.** Le participe passif διηρθρωμένον, que nous traduisons par « articulé », recouvre soit la fixation d'une partie sur une autre, comme c'est le cas ici, soit la distinction nette d'une partie par rapport aux parties voisines, comme pour les narines des quadrupèdes ovipares un peu plus loin (659b 4).

puissance exceptionnelles. Sa trompe[1] lui permet d'amener la nourriture à sa bouche comme s'il se servait d'une main, aussi bien la nourriture solide que **[659a]** la liquide ; l'enroulant autour des arbres, il les abat, et il l'utilise comme il utiliserait une main. Car pour ce qui est de sa nature, cet animal est à la fois lacustre et terrestre, de sorte qu'après s'être nourri dans l'eau il doit néanmoins respirer, puisque c'est un animal terrestre et sanguin, et ne pas effectuer un changement rapide de l'humide au sec, à la façon de certains vivipares sanguins qui respirent ; comme il est en effet d'une taille excessive, il était nécessaire qu'il utilise l'élément liquide de la même manière que la terre : ainsi, un peu comme certains munissent les plongeurs d'instruments leur permettant de respirer, afin que lorsqu'ils restent longtemps dans la mer ils puissent tirer l'air de l'extérieur de l'eau grâce à leur instrument, la nature a produit pour les éléphants une chose de cette sorte par la grande taille de leur nez. Aussi respirent-ils en levant leur trompe à travers l'eau tant qu'ils marchent dans l'élément liquide : car comme nous l'avons dit, la trompe est le nez des éléphants. Or puisqu'il était impossible que leur nez soit de cette sorte s'il n'était pas souple et capable de se courber (car sa longueur aurait empêché l'animal de saisir la nourriture extérieure, de la même façon, à ce qu'on affirme[2], que les cornes chez les bœufs qui paissent

---

1. Littéralement : « sa narine » (μυκτήρ). 2. Allusion à Hérodote (IV, 183).

à reculons : car on affirme que ces derniers paissent en faisant marche arrière), un tel nez se trouvant disponible, la nature en abuse (selon son habitude d'utiliser les mêmes parties à plusieurs fins) au lieu d'utiliser les pieds de devant. Ce sont en effet ces pieds-là que les quadrupèdes à plusieurs doigts possèdent au lieu de mains, mais pas seulement en vue de soutenir le poids de leur corps : or les éléphants sont des animaux à plusieurs doigts, et ils ont des pieds qui ne sont ni fourchus[1] ni indivis[2] ; mais puisque leur taille est importante, comme aussi le poids de leur corps, pour cette raison leurs pieds sont là seulement pour soutenir, et du fait de leur lenteur et de leur inaptitude à la flexion cette partie[3] n'est utile à rien d'autre. C'est donc à cause de la respiration que l'éléphant possède un nez, tout comme chacun des animaux qui ont un poumon, mais c'est à cause de son mode de vie dans l'eau et de sa lenteur à quitter cet élément pour le sec qu'il est enroulable et long ; l'usage des pieds lui étant retiré, c'est la nature qui, comme nous l'avons dit, abuse de cette partie pour le secours qui aurait pu provenir des pieds.

---

1. C'est-à-dire qu'ils n'ont pas de pince comme les bifurqués (par exemple le porc ou le cerf). 2. Comme les solipèdes (par exemple le cheval ou la vache). 3. Le neutre singulier de l'adjectif χρήσιμον est inattendu ici, car il reprend le masculin pluriel des pieds. Au lieu d'adopter la correction de Rackham (χρήσιμοι), nous maintenons le texte des manuscrits en y voyant une anacoluthe reprenant implicitement les pieds en tant qu'ils représentent une partie.

Les oiseaux, les serpents et les **[659b]** quadrupèdes sanguins ovipares[1] en général ont les conduits des narines devant la bouche, mais ces derniers ne sont pas articulés chez eux de façon suffisamment manifeste pour qu'on puisse parler de narines, si ce n'est à cause de leur fonction ; ce qui est sûr, c'est que dans le cas de l'oiseau on ne peut pas dire qu'il possède un nez. **[5]** Ce phénomène s'est produit parce qu'au lieu de mâchoires il possède ce qu'on appelle un bec. La cause de ces choses réside dans la nature des oiseaux, constituée de cette manière. En effet, l'oiseau est un animal bipède et pourvu d'ailes, de sorte qu'il est nécessaire que chez lui le poids du cou et de la tête soit faible, et que de même sa poitrine soit étroite : ainsi, pour qu'il soit **[10]** utile pour le combat et à cause de la nourriture, ils ont un bec osseux, mais étroit à cause de la petitesse de leur tête ; et c'est dans le bec qu'ils possèdent les conduits de l'odorat, puisqu'il leur est impossible de posséder des narines.

Au sujet des autres animaux, ceux qui ne respirent pas, nous avons dit plus haut en vertu de quelle cause ils n'ont pas de **[15]** narines : en fait, c'est grâce à des branchies, à un évent ou à un diaphragme pour les insectes, qu'ils sentent les odeurs, mais toujours par le souffle inné du corps par lequel ils sont mus[2] ;

---

1. « Ovipares » est la leçon minoritaire (ZΔΠ), mais elle se justifie par le fait que les quadrupèdes vivipares ont des narines clairement délimitées, contrairement aux animaux dont il est ici question. 2. En faisant dépendre le membre de phrase introduit par καὶ du verbe αἰσθάνονται, et en lisant le relatif datif

ce souffle appartient par nature à tous, et n'est pas quelque chose d'introduit du dehors.

2.16 Les lèvres

Sous les narines se trouve la nature des lèvres chez les sanguins qui ont des dents. Car chez les oiseaux, comme nous l'avons dit, c'est à cause de la nourriture et du combat que le bec est osseux : il se resserre en une seule extrémité qui remplace les dents et les lèvres, comme si quelqu'un, dans le cas de l'homme, retirait les lèvres, soudait les dents du haut séparément et avançait celles du bas en les allongeant de part et d'autre pour qu'elles forment un bout étroit : cela donnerait un bec d'oiseau.

Chez les animaux en général, la nature des lèvres est là pour la sauvegarde des dents et pour leur protection, et c'est pour cette raison qu'ils ont cette partie distincte ou non, selon la finesse et la beauté de leurs dents ; mais les hommes ont des lèvres molles, charnues et détachables des dents, à la fois en vue de la protection des dents, comme les autres animaux, et, plus encore, à cause du bien-être : c'est en effet pour l'usage de la parole qu'ils possèdent des lèvres. De même en effet que la nature n'a pas fait la même langue aux autres animaux, elle qui abuse de la même partie pour deux opérations,

(instrumental) ὧπερ (USΣ, il manque le iota dans les manuscrits) au lieu du ὥσπερ majoritaire (« de la façon dont ils sont mus », ou « ils sont comme mus par le souffle inné du corps » en faisant commencer au καὶ une nouvelle proposition). Sur ce souffle inné (ou connaturel), voir notamment *Du sommeil* 2, 456a 11 *sq*.

comme nous avons dit qu'elle fait dans de nombreux cas[1], elle a produit la [660a] langue à la fois pour le goût et pour la parole, et les lèvres à la fois pour cela et pour la protection des dents. Car le langage vocal est formé de lettres, et si la langue n'était pas de cette sorte, ni les lèvres humides, il ne serait pas possible de prononcer la plupart des lettres : les unes, en effet, sont des projections de la langue, les autres des rapprochements des lèvres ; quelles sont les différences – en nombre et en nature – que présentent ces choses, il faut s'en instruire auprès des spécialistes de métrique. Or c'était une conséquence immédiate et nécessaire[2] que chacune de ces deux parties soit efficace pour l'usage que nous avons dit et qu'elle possède une telle nature : aussi sont-elles formées de chair. Or la chair la plus molle se trouvait être celle des hommes ; et cela vient de ce qu'il est l'animal le plus sensible pour la sensation du toucher.

2.17 La langue

II, 17

C'est sous la voûte de la bouche que les animaux ont leur langue, à peu près de la même manière chez tous pour ceux qui vivent au sol, et d'une manière dissemblable chez les autres, aussi bien entre eux que par rapport à ceux qui vivent au sol. C'est l'homme qui a la langue la plus détachée,

---

1. 659a 21 *sq.* **2.** L'homme étant par définition un animal doué de parole, et la parole ne pouvant passer que par la bouche.

la plus molle et la plus large, de façon à ce qu'elle serve à ces deux opérations : la sensation des saveurs **[20]** (car l'homme est l'animal le plus sensible, et sa langue est souple : elle est en effet la plus apte au toucher ; or le goût est une sorte de toucher) et l'articulation des lettres ; et pour le langage c'est une langue souple et large qui est utile. En effet, **[25]** c'est sans doute parce qu'elle est telle et qu'elle est détachée qu'elle peut le mieux rassembler et projeter les sons dans toutes les directions, comme le montre l'exemple de ceux chez qui elle n'est pas assez détachée : ils balbutient et zézaient, ce qui correspond à un manque de lettres. C'est dans le fait qu'elle soit large que réside aussi son caractère étroit : car le grand contient le petit alors que le petit ne contient pas le grand. C'est pourquoi, chez les oiseaux, ceux qui prononcent le plus de **[30]** lettres ont la langue plus large que les autres, tandis que les quadrupèdes sanguins vivipares ont une articulation vocale courte : car ils ont une langue à la fois dure, non détachée et épaisse. Certains oiseaux peuvent émettre plusieurs sons, et ceux à serres ont la langue plus large ; **[35]** ceux qui sont plus petits peuvent émettre plusieurs sons. Et s'ils utilisent tous leur langue pour se faire comprendre les uns des autres, certains le font toutefois plus que d'autres, **[660b]** de sorte que parfois il semble même qu'il y ait apprentissage mutuel ; nous avons parlé de ces cas dans l'*Histoire des animaux*[1].

---

1. IV, 9, 536b 17-19.

La plupart des ovipares sanguins vivant au sol ont une langue qui ne sert pas pour les fonctions vocales et qui est attachée et dure, mais pour le goût des saveurs les serpents et les lézards en ont une qui est longue et fourchue, tellement longue chez les serpents qu'elle peut s'étendre tout d'un coup loin devant, mais fourchue et avec une extrémité mince pareille à du cheveu, à cause de la gourmandise de leur nature : ils tirent des saveurs un plaisir double, comme s'ils avaient une double sensation de goût.

Même les animaux non sanguins possèdent la partie qui perçoit les saveurs, comme tous les sanguins : de fait, même ceux qui, de l'avis du grand nombre, n'en possèdent pas, comme c'est le cas de certains poissons, en possèdent aussi une, chétive en quelque sorte, à peu près comme chez les crocodiles d'eau douce. La plupart d'entre eux paraissent ne pas en avoir, pour une cause conforme à la raison : en effet, le lieu de la bouche est fait d'arête chez tous les animaux de cette sorte, et comme la sensation des saveurs est de courte durée pour les animaux aquatiques, de même que l'usage du goût est bref[1], ils possèdent pour ce sens une articulation courte elle aussi ; le trajet de la nourriture vers l'estomac est rapide, du fait qu'il ne leur est pas possible de passer du temps à savourer : car l'eau ferait irruption

1. Cette comparative s'articule avec ce qui suit selon le système ὥσπερ (comparant) οὕτω (comparé). Les deux propositions constituent la conséquence de la subordonnée introduite par διὰ τὸ (« et comme… »).

en même temps. Par là même, s'il n'y avait pas quelqu'un pour leur incliner la bouche, cette partie n'apparaîtrait pas disjointe du palais. Ce lieu est fait d'arête, car il est formé du recoupement des branchies, **[25]** dont la nature est celle de l'arête.

Chez les crocodiles, ce qui vient contribuer à l'infirmité de cette partie-là, c'est l'immobilité de leur mâchoire inférieure. Car leur langue est soudée à la mâchoire inférieure, et ils ont, de façon en quelque sorte inversée, la mâchoire supérieure en bas : car chez les autres animaux, c'est celle du haut qui ne bouge pas. **[30]** Ils n'ont donc pas la langue fixée à la mâchoire du haut, parce qu'une telle disposition s'opposerait à l'entrée de la nourriture, mais fixée à celle du bas, étant donné que celle du haut est comme délocalisée. De plus, il est aussi arrivé à cet animal, dont la nature est de vivre au sol[1], de mener la vie des poissons, si bien qu'il lui est pour cette raison nécessaire d'avoir cette partie non articulée.

Nombreux sont **[35]** les poissons qui ont un palais charnu, et certains poissons d'eau douce l'ont extrêmement charnu et mou, par exemple ceux qu'on appelle les carpes, si bien que **[661a]** ceux qui n'observent pas de façon rigoureuse sont d'avis que c'est

---

1. Littéralement : « qui est un animal vivant au sol ». Le crocodile est πεζός du fait de sa conformation générale, mais ses longs séjours dans l'eau font de lui, sous le rapport du mode de vie, une sorte de poisson. Il possède ainsi une nature de base, celle d'un quadrupède ovipare, et une nature liée au mode de vie, qui le rapproche des poissons. Notons toutefois que cette seconde nature, malgré l'emploi du passé, n'est pas le fruit d'une évolution, mais appartient de tout temps au crocodile.

leur langue[1]. Or les poissons, pour la raison que nous avons indiquée, possèdent bien l'articulation de la langue, mais pas nette ; puisque le sens en question existe pour la nourriture qui réside dans les saveurs, ils possèdent bien **[5]** une partie en forme de langue[2], mais pas disposée de la même manière dans toutes les directions, sauf principalement à son extrémité ; pour cette raison, chez les poissons, seule l'extrémité est délimitée.

Tous les animaux ont un désir de nourriture dans la mesure où ils ressentent le plaisir de se nourrir : car le désir est désir de ce qui fait plaisir. Cependant, cette partie par laquelle **[10]** ils perçoivent la nourriture n'est pas la même chez tous : chez les uns, elle est détachée, tandis qu'elle est soudée au reste chez tous ceux à qui n'appartient aucune fonction vocale, et dans certains cas elle est dure, dans d'autres, molle ou charnue. C'est pourquoi, chez des crustacés comme les langoustes et leurs semblables, une chose de cette sorte est présente à l'intérieur de la bouche,

---

1. Nous rétablissons le ταύτην des manuscrits EZΔ (que nous comprenons comme sujet d'attribution de γλῶτταν, et subissant l'attraction de ce féminin), préférable à la correction ταύτῃ (Schneider), qui ne change toutefois pas radicalement le sens (« qu'ils ont là une langue »). **2.** Le texte est difficile à construire. Nous conservons le texte des manuscrits USΣ. Le texte imprimé par Pierre Louis (qui lit εἰς αἴσθησιν au lieu de ἡ αἴσθησις, et intervertit τὸ et μὲν avant γλωττοειδὲς, après lequel il omet le ἔχει) donnerait : « puisque c'est en vue de la sensation de la nourriture qui réside dans les saveurs qu'existe la partie en forme de langue, pas de la même manière dans toutes les directions, mais surtout à l'extrémité… ».

comme aussi chez des céphalopodes comme les seiches et les poulpes. Certains animaux divisés en sections ont cette sorte de partie à l'intérieur, par exemple le genre des fourmis, et de même beaucoup de testacés ; d'autres l'ont à l'extérieur, comme un dard, mais de nature spongieuse et creuse, en sorte de pouvoir à la fois goûter et aspirer la nourriture grâce à elle. Cela est clair dans le cas des mouches, des abeilles et de tous les animaux de cette sorte, et, en outre, de certains testacés : chez les pourpres[1], cette partie possède une telle puissance qu'ils percent même la coquille de petits coquillages, par exemple celle des bigorneaux avec lesquels on les appâte. De plus, les grosses mouches et les taons percent, les unes, la peau des hommes, et les seconds, même celle des autres animaux. Telle est donc la nature de la langue chez ces animaux, comme pour donner la réplique[2] à la trompe des éléphants : chez ceux-ci la narine existe pour le secours, et chez ceux-là la langue remplace un dard. Quant aux autres animaux, leur langue à tous est telle que nous l'avons dit.

---

1. πορφύρα : pourpre ou murex. **2.** ὥσπερ ἀντιστρόφως ἔχουσα : l'adjectif ἀντίστροφος (qui intervient ici dans une tournure adverbiale) fait référence au mouvement du chœur tragique passant d'une première danse (la strophe) à une seconde (l'antistrophe), symétrique de la première. Au sens figuré, l'adjectif ἀντίστροφος signifie le pendant d'une chose, son analogue dans le domaine opposé. Ainsi dans la célèbre caractérisation de la rhétorique comme ἀντίστροφος de la dialectique en *Rhétorique* I, 1.

2.18 Les dents et la bouche

III, 1

À la suite des parties précédentes se trouve chez les animaux la nature des dents, ainsi que celle de la bouche, entourée et formée de dents.

2.181 Les dents

Chez les animaux autres que l'homme[1], la nature des dents **[661b]** est présente de façon commune chez tous pour l'opération de la nutrition, et séparément, selon les genres, pour une fonction qui est dans certains cas celle du combat, agressif ou simplement défensif[2]. En effet, certains possèdent des dents pour ces deux fins de défense et d'attaque, par exemple ceux qui sont d'une nature sauvage et carnivore, d'autres seulement pour se défendre, comme c'est le cas de beaucoup d'animaux sauvages ou domestiques. L'homme possède des dents d'une nature adaptée à l'usage commun : ses dents de devant sont acérées, afin de diviser, et ses molaires sont larges, afin de broyer. Ces deux groupes de dents sont délimités par les canines, dont la nature est intermédiaire : car le milieu participe des deux extrêmes, et les canines sont acérées d'un certain point de vue, et larges d'un autre. Il en va de même pour les autres animaux qui n'ont pas toutes leurs dents acérées.

---

1. Car l'homme a des dents aussi pour parler. **2.** Littéralement : « en combat dans le but de faire et en combat dans le but de ne pas subir ».

Mais c'est surtout pour le langage qu'il possède des dents de cette sorte et en cette quantité : car les dents de devant contribuent grandement à la formation des lettres.

Certains animaux, comme nous l'avons dit, n'en possèdent qu'en vue de la nutrition ; mais ceux qui en possèdent à la fois pour la défense et l'attaque[1] ont, les uns, des défenses[2], comme le sanglier, et les autres, des dents acérées et alternées, ce qui leur vaut l'appellation d'animaux « à dents de scie ». En effet, puisque c'est dans les dents que réside leur force et que cet effet peut être produit par le caractère acéré de celles-ci, les dents qui sont vraiment[3] utiles pour le combat s'abattent alternativement, de façon à ce qu'elles ne s'émoussent pas en frottant les unes contre les autres. Aucun animal n'a à la fois des dents de scie et des défenses, du fait que la nature ne produit rien de vain ni de superflu ; le secours vient pour certains des coups qu'ils donnent, pour d'autres des morsures qu'ils infligent. C'est pour cette raison que les laies mordent : car elles n'ont pas de défenses.

Or il faut saisir quelque chose de général qui pourra être utile aussi bien pour ces parties que pour beaucoup de celles dont nous parlerons plus loin. En effet, chacune des parties instrumentales qui servent à l'attaque et à la défense, la nature les donne

---

1. Littéralement : « à la fois pour le secours (βοήθεια) et le combat (ἀλκὴ) ». **2.** Littéralement : « des dents saillantes » (χαυλιόδοντες). **3.** Nous faisons porter le δὴ sur l'adjectif χρήσιμοι, au lieu de le considérer comme une particule conclusive introduisant la principale.

à ceux qui sont capables de s'en servir, à eux seuls ou de préférence, et elle les donne surtout au plus capable de s'en servir : ainsi du dard, de l'ergot, des cornes, des défenses, etc. Or puisque le mâle est plus fort et plus ardent, certains mâles sont seuls à posséder les parties de cette sorte, tandis que d'autres les possèdent plus que leurs femelles. En effet, celles qu'il est nécessaire aux femelles aussi [35] de posséder, par exemple celles qui servent à la nutrition, elles les possèdent, bien qu'à un degré moindre, et celles qui ne se rapportent à rien de nécessaire[1], elles ne les possèdent pas. **[662a]** C'est précisément pour cette raison que les cerfs mâles possèdent des cornes tandis que les biches n'en possèdent pas ; il y a aussi une différence entre les cornes des vaches et celles des taureaux, et il en va de même chez les moutons. De même, lorsque les mâles possèdent des ergots, les femelles, dans la plupart des cas, [5] n'en ont pas. Il en va de même pour les autres parties de cette sorte.

Les poissons sont tous à dents de scie, à une seule exception : celui qu'on appelle le scare ; nombreux sont ceux qui possèdent aussi des dents sur la langue et dans le palais. La cause en est qu'il est nécessaire à ces animaux, qui vivent dans les eaux, d'ingérer en

---

1. Selon une nécessité qui recouvre les fonctions absolument indispensables au vivant, comme celle de la nutrition, à la différence des fonctions liées à l'essence particulière et au mode de vie de chaque animal, qui commandent la nécessité hypothétique. Il s'agit donc du premier sens mentionné en *Métaphysique* Δ5 (1015a 20-22).

plus, en même temps que leur nourriture, du liquide, et d'expulser rapidement ce dernier. En effet, il ne leur est pas possible de passer du temps à broyer, car le liquide leur coulerait dans l'estomac. Pour cette raison, toutes leurs dents sont acérées pour la division. De même, elles sont à la fois nombreuses et disséminées, afin qu'au lieu de broyer elles découpent en beaucoup de morceaux, grâce à leur nombre ; et elles sont recourbées, du fait que le combat, chez les animaux en question, s'effectue pour la plus grande part, ou presque, grâce à elles.

2.182 La bouche

Les animaux possèdent aussi la nature de la bouche, à la fois en vue de ces fonctions et afin de respirer, pour tous ceux qui respirent et se refroidissent du dehors[1]. Car en elle-même, la nature, comme nous l'avons dit, utilise les parties communes à tous pour beaucoup de fonctions propres à chacun : ainsi, dans le cas de la bouche, la nutrition est une fonction commune à tous, tandis que le combat est propre à certains et le langage à d'autres ; en outre, le fait de respirer n'est pas commun à tous. La nature a fait converger toutes ces choses en une seule, faisant varier une même partie selon les opérations à effectuer. Aussi certains animaux ont-ils une bouche plus étroite, alors que d'autres en ont une grande. En effet, tous ceux qui ont une bouche en vue de la nutrition, de la respiration et du langage,

---

1. Les poissons se refroidissent sans poumon, donc sans respirer (voir 669a 5).

ont la bouche plus étroite, tandis que ceux qui en ont une pour se défendre sont pour certains à dents de scie, mais ont tous des bouches qui s'ouvrent largement. Car comme le combat réside pour eux dans les morsures qu'ils infligent, il leur est utile d'avoir une grande ouverture de bouche : [30] car ils pourront mordre avec d'autant plus de dents, et sur une étendue d'autant plus grande, que leur bouche se sera plus largement ouverte.

Parmi les poissons, ceux qui mordent et sont carnivores possèdent une bouche de cette sorte, tandis que les non-carnivores en ont une effilée : c'est en effet une bouche de cette sorte qui leur est utile, alors que l'autre leur serait inutile.

Les oiseaux ont comme bouche ce qu'on appelle un bec : c'est ce qu'ils [35] possèdent au lieu de lèvres et de dents. Cette partie diffère selon les usages qu'elle permet et les [662b] secours qu'elle apporte. En effet, ceux qu'on appelle « oiseaux à serres » ont tous le bec recourbé, du fait qu'ils sont carnivores et qu'ils ne se nourrissent pas de graines : car lorsque le bec possède cette complexion naturelle, il permet de dominer et possède plus de force. Or le combat réside pour eux à la fois dans cette partie et dans les ongles, [5] et c'est pourquoi ils ont des serres. Chez les autres oiseaux, le bec est utile à la subsistance[1] de chacun : par exemple, chez les piverts il est puissant et dur, ainsi que chez les corbeaux et ceux de la même famille, tandis que chez les petits oiseaux il est fin pour le ramassage des graines et la capture des bestioles. Ceux qui sont

1. Littéralement : « à la vie ».

herbivores ou qui vivent dans les marais, comme c'est le cas des oiseaux nageurs et des palmipèdes, tirent pour les uns une autre utilité de leur bec, tandis que les autres ont un bec large : avec un bec de cette sorte, ils peuvent facilement creuser la terre, comme dans le cas, chez les quadrupèdes, du groin de la truie ; car elle aussi se nourrit de racines. De plus, les oiseaux qui se nourrissent de racines, ainsi que certains autres de régime semblable[1], ont eux aussi les extrémités du bec aiguisées : car cela facilite la tâche à ces animaux herbivores.

Nous avons donc pratiquement fini de traiter des parties situées sur la tête ; notons toutefois que, chez l'homme, la partie située entre le crâne[2] et le cou est appelée visage (*prosôpon*), nom qui lui vient, à ce qu'il semble, de l'action qui est la sienne : car c'est parce qu'il est le seul animal à se tenir droit qu'il est le seul qui regarde au loin (*prosôthen opôpe*) et qui émet un son vers l'avant.

2.19 Les cornes

III, 2

Il faut maintenant parler des cornes : car elles aussi, chez les animaux qui en possèdent, sont naturellement situées sur la tête.

---

1. Littéralement : « qui ont le même mode de vie » (ὁμοιοβίοι), c'est-à-dire la même manière d'assurer leur subsistance. 2. Le terme κεφαλὴ ne désigne pas ici l'ensemble de la tête mais sa partie supérieure.

Aucun non-vivipare n'en possède. C'est [25] en se fondant sur une ressemblance et par métaphore qu'on parle de cornes chez d'autres animaux, mais la fonction de la corne ne se rencontre dans aucun de ces autres cas[1]. Car c'est en vue de la défense et de l'attaque que les vivipares en possèdent, ce qui n'a lieu pour aucun des autres animaux qui sont dits posséder de la corne[2] : aucun d'eux, en effet, ne se sert de ses cornes pour se défendre ou pour dominer, [30] œuvres qui sont celles de la force.

Parmi les fissipèdes, aucun ne possède de corne. La cause en est que la corne est un secours, mais que d'autres moyens de défense appartiennent aux fissipèdes : en effet, la nature a donné à certains des ongles, à d'autres des dents propres au combat, à d'autres, encore, une autre partie suffisante pour se défendre. [35] Et parmi les bifurqués[3], les uns possèdent plusieurs cornes pour le combat[4], **[663a]** et c'est aussi le cas de certains solipèdes[5], tandis que d'autres les ont précisément pour se défendre[6]. Ceux

---

1. Littéralement : « n'appartient à aucun d'eux ». Le verbe ὑπάρχειν ne signifie pas ici l'appartenance d'une propriété à un sujet, car ce n'est pas à l'animal, mais à ses cornes, qu'appartient proprement la fonction de la corne. 2. Noter le singulier, qui va de pair avec la nature de parties homéomères qui caractérise les cornes (voir plus haut, en 655b 15-21, lorsque leur examen est reporté à l'étude des anhoméomères). 3. Animaux à pieds fourchus. 4. Ou l'attaque, car le terme ἀλκή signifie soit le combat qui se subdivise en offensif et défensif (comme c'est le cas en 661b 2), soit le combat offensif, auquel cas il se trouve opposé à βοήθεια. 5. Animaux à sabot. 6. C'est l'éditeur Bussemaker qui, dans son édition de 1854, a introduit ici une ponctuation forte. Sans cette ponctuation, la suite venait préciser

à qui la nature n'a pas donné d'autre moyen de combat pour leur sauvegarde, elle leur a donné par exemple la vélocité du corps – c'est ainsi qu'elle a secouru les chevaux –, ou une grande taille, comme pour les chameaux : car une supériorité de taille est suffisante pour empêcher la destruction qui vient des autres animaux, comme pour les chameaux et, plus encore, pour les éléphants. D'autres ont des défenses, comme le genre des sangliers, à pieds fourchus. Ceux auxquels l'excroissance des cornes était naturellement inutile, la nature leur avait adjoint un autre secours, par exemple aux cerfs la vitesse (car la grande taille des cornes et leur caractère ramifié représentent une nuisance plus qu'un avantage), ainsi qu'aux antilopes et aux chevreuils (car contre certains attaquants ils se défendent avec leurs cornes, mais ils s'enfuient devant les bêtes sauvages et batailleuses), tandis qu'aux bisons, qui ont en effet leurs cornes naturellement recourbées l'une vers l'autre, elle a donné le rejet d'excréments : c'est avec cela qu'ils se défendent lorsqu'ils sont effrayés ; et c'est même à cette émission que d'autres animaux doivent leur salut.

La nature n'a pas donné plusieurs moyens de défense suffisants aux mêmes animaux. La plupart des animaux à cornes sont des bifurqués, mais on mentionne aussi un solipède, appelé âne d'Inde. Dans la plupart des cas, de la même manière que le

---

l'extension du fait mentionné, et apportait une illustration peu cohérente, étant donné que la vélocité du corps devait intervenir comme moyen de combat.

corps des animaux se divise selon les parties qui leur servent à effectuer leur mouvement, la droite et la gauche, ils possèdent aussi naturellement deux cornes en vertu de cette cause ; mais il existe aussi des animaux à une seule corne, par exemple l'oryx et celui qu'on appelle l'âne d'Inde. L'oryx est un bifurqué, tandis que l'âne en question est un solipède. Les animaux à une seule corne ont **[25]** leur corne au milieu de la tête : car, de cette manière, chacune des moitiés peut posséder un maximum de la corne unique, car le milieu tient également des deux extrémités. Il semble conforme à la raison que le solipède ait une seule corne, plutôt que le bifurqué : car le sabot et la pince possèdent la même nature que la corne, de sorte que **[30]** la division des sabots et celle des cornes se produisent ensemble, chez les mêmes animaux. De plus, les pieds fendus ou fourchus découlent d'un manque de la nature, de sorte qu'il est conforme à la raison que, comme elle donnait aux solipèdes un surplus dans les sabots, la nature le leur ait retiré dans les parties supérieures, produisant ainsi un animal à une seule corne.

La nature a aussi agi correctement en plaçant **[35]** la nature des cornes sur la tête, au lieu de faire comme le voudrait Mômos, chez Ésope[1], qui reproche au taureau d'avoir ses cornes, non sur les épaules d'où **[663b]** il pourrait donner des coups très forts, mais

---

1. Selon Pierre Louis, il s'agit d'une allusion inexacte à la fable 124 d'Ésope (édition Chambry, Les Belles Lettres) : « Zeus avait fait une bévue en ne mettant pas les yeux du taureau sur ses cornes, afin qu'il vît où il frappait. »

sur la partie la plus faible de la tête. Ce reproche de Mômos n'est pas clairvoyant. Car de même que, si des cornes lui avaient poussé à un autre endroit du corps, elles lui auraient pesé sans par ailleurs lui être **[5]** utiles en quoi que ce soit, et auraient fait obstacle à beaucoup de ses travaux, ainsi pour des cornes lui poussant sur les épaules. Car il ne faut pas seulement examiner d'où les coups peuvent être plus forts, mais aussi d'où ils peuvent porter plus loin : de sorte que, puisqu'ils ne possèdent pas de mains et qu'il est impossible qu'ils aient les cornes sur les pieds, et que si elles étaient placées sur leurs genoux elles en empêcheraient la flexion, il est nécessaire **[10]** qu'ils les aient sur la tête, comme c'est le cas en réalité. Y compris pour les autres mouvements du corps, c'est ainsi qu'elles sont naturellement le moins susceptibles de gêner.

Seuls les cerfs ont des cornes solides de part en part et eux seuls s'en défont, allègement qui se produit pour un bien, même si c'est par nécessité du fait de leur poids. Chez les autres animaux, **[15]** les cornes sont creuses jusqu'à un certain point, et leurs extrémités sont pleines parce que c'est utile pour les coups ; mais afin que même la partie creuse ne soit pas faible, elle pousse à partir de la peau, et s'y ajuste solidement à partir des os : car disposées ainsi, les cornes sont à la fois très utiles pour le combat et **[20]** sans le moindre inconvénient pour la vie ordinaire.

Ainsi, nous venons de dire en vue de quoi existe la nature des cornes, et pour quelle raison certains animaux en ont qui sont de cette sorte, tandis que d'autres n'en ont pas ; disons maintenant comment, la nature nécessaire restant là, la nature conforme à la définition a utilisé en vue d'un but les choses présentes par nécessité[1]. Premièrement, l'élément solide et [25] terreux appartient en plus grande quantité aux animaux plus grands, et nous ne connaissons aucun animal à cornes qui soit tout petit : car le plus petit de ceux que nous connaissons est le chevreuil. Or il faut étudier la nature en regardant vers la pluralité des faits : car c'est soit dans la totalité des cas, soit dans ce qui est généralement le cas, que réside le « selon la nature »[2]. Or c'est sous une forme terreuse que l'élément osseux [30] est présent dans le corps des animaux : c'est pourquoi il est présent en la quantité la plus grande chez les animaux les plus grands, pour parler selon le cas général. En tout cas, la quantité excédentaire d'un tel corps qui est présente chez les animaux plus grands, la nature l'utilise pour un secours et un avantage : ainsi[3], celle qui s'écoule par nécessité vers le lieu du haut, [35] elle l'a distribuée aux uns dans des dents et des défenses, aux autres dans des cornes. C'est pourquoi aucun des

1. Il ne s'agit pas d'opposer la nature nécessaire et la nature qui est selon la définition (*logos*), comme si la seconde annulait l'effectivité de la première, mais d'affirmer l'effectivité de la forme comme cause finale par rapport au reste (c'est parce que telle fonction essentielle doit être accomplie par tel animal qu'il possède telle organisation), la causalité immanente de la matière se trouvant non pas supprimée mais utilisée à une fin qui la dépasse. **2.** Voir *Physique* II, 8 (198b 35) pour une caractérisation semblable de la *phusis*. **3.** C'est ainsi que nous rendons le καὶ, qu'on traduirait normalement par la coordination « et ».

animaux à cornes n'a de double rangée de dents : ils n'ont pas de **[664a]** dents de devant à la rangée supérieure, car la nature a ajouté aux cornes ce qu'elle avait enlevé là, la nourriture donnée aux dents de devant se trouvant alors dépensée dans la croissance des cornes.

La cause du fait que les biches ne possèdent pas de cornes tout en ayant la même disposition des dents que les cerfs, c'est que les deux ont la même nature, une nature à cornes. Mais les cornes ont été retirées aux femelles du fait qu'elles ne sont pas utiles, même aux mâles ; simplement, elles portent moins préjudice à ces derniers, du fait de leur force. Chez d'autres animaux, lorsque cette partie du corps n'est pas sécrétée pour former des cornes, elle sert[1] dans certains cas à augmenter la taille des dents elles-mêmes, sans distinction, tandis que dans d'autres elle produit des défenses, sortes de cornes qui partent des mâchoires.

2.2 Les parties situées dans le cou : œsophage et trachée-artère

III, 3

Pour les parties situées sur la tête, qu'on s'en tienne à ces précisions ; en dessous de la tête se trouve naturellement le cou, chez tous les animaux qui en possèdent un. Car tous n'ont pas cette

1. Ce verbe, comme le suivant, est au parfait résultatif, qui ne vise pas une antériorité, mais un fait de nature.

partie, mais seulement ceux qui possèdent les parties pour lesquelles le cou existe naturellement, à savoir le pharynx[1] et ce qu'on appelle l'œsophage. Pour ce qui est du pharynx, il existe naturellement en vue du souffle : car c'est à travers lui que les animaux amènent le souffle et l'expulsent, lorsqu'ils inspirent ou expirent. C'est pourquoi ceux qui n'ont pas de poumon ne possèdent pas non plus de cou, comme c'est le cas du genre des poissons. Quant à l'œsophage, il est ce à travers quoi la nourriture s'achemine vers l'estomac : par là même, ceux qui n'ont pas de cou ne possèdent évidemment pas non plus d'œsophage. Or il n'est pas nécessaire d'avoir un œsophage pour la nutrition : car il ne prépare rien qui s'y rapporte[2]. De plus, il est possible que l'estomac se situe tout de suite après la bouche, alors que ce n'est pas possible pour le poumon. Car il faut qu'il y ait une sorte de tuyau commun, à travers lequel le souffle se répartisse vers les bronches en suivant les artères[3] : étant en deux parties[4], il peut ainsi accomplir au mieux l'inspiration et l'expiration.

---

1. Aristote ne distingue pas pharynx et larynx. 2. C'est-à-dire qu'il n'intervient pas dans la transformation de l'aliment en nourriture directement assimilable par l'organisme. 3. Ce terme ici ne désigne pas des vaisseaux comme ceux du sang, mais des conduits d'air (comme lorsqu'on parle de trachée-artère). 4. Nous rétablissons le texte des manuscrits (διμερὴς ὢν) contre la correction de Peck (διμερῆ ὄντα), qui inscrivait la bipartition de l'œsophage dans la nécessité qu'il y ait un tuyau commun (« car il faut qu'il y ait une sorte de tuyau commun, à travers lequel le souffle se répartisse vers les bronches en suivant les artères, *et qui soit en deux parties* »).

Or comme l'organe **[30]** de la respiration possède par nécessité une certaine longueur, il est nécessaire que l'œsophage se trouve entre la bouche et l'estomac. L'œsophage est charnu tout en présentant l'extensibilité d'un tendon : il est tendineux, de façon à pouvoir se dilater lorsque la nourriture pénètre, et charnu, de façon à être souple et flexible, et à ne pas être endommagé **[35]** par le dur contact des aliments qui descendent.

Ce qu'on appelle le pharynx (ou la trachée-artère[1]) est formé d'un corps cartilagineux : **[664b]** car il n'existe pas seulement en vue de la respiration mais aussi de la voix ; or il faut que ce qui doit émettre des sons soit lisse et présente de la solidité. La trachée-artère est située en avant de l'œsophage, bien qu'elle lui fasse obstacle pour la réception de la nourriture : car au cas où **[5]** un aliment solide ou liquide glisse de son côté, cela produit des suffocations, des douleurs et de pénibles toux. Voilà de quoi aurait pu s'étonner au moins un de ceux qui disent que c'est par là que l'animal ingère ce qu'il boit : car les affections mentionnées se produisent avec évidence chez quiconque avale de travers un morceau de nourriture. Or il paraît ridicule à maints égards **[10]** de dire que c'est par le pharynx que les animaux ingèrent ce qu'ils boivent. Car il n'existe aucun passage allant du poumon à l'estomac, comme le fait l'œsophage à partir de la bouche. De plus, dans les cas de vomissements et de nausées, il n'est pas difficile de constater d'où s'échappe manifestement le liquide. Il est

1. Le terme grec est ἀρτηρία.

clair aussi que [15] le liquide n'est pas rassemblé tout de suite dans la vessie, mais d'abord dans l'estomac : car la lie du vin rouge colore avec évidence les surplus de l'estomac ; ce fait est souvent manifeste, en particulier dans les cas de lésion à l'estomac. Mais sans doute est-il déplacé de trop s'attacher à l'examen des propos naïfs.

[20] De par sa situation sur le devant, comme nous l'avons dit, la trachée-artère est gênée par la nourriture ; mais la nature a fabriqué pour cela l'épiglotte. Tous les vivipares ne possèdent pas cette partie, mais seulement les animaux qui possèdent un poumon, qui ont une peau avec des poils et ne sont naturellement pas pourvus d'une carapace ou de plumes. [25] Dans ces autres cas, au lieu de l'épiglotte, c'est le pharynx qui se resserre et qui s'ouvre, de la même manière que, chez les précédents, l'épiglotte se referme et se déplie, se dépliant à l'arrivée et à la sortie du souffle, et se repliant quand la nourriture arrive, afin que rien ne passe de travers du côté de la trachée ; mais au cas où [30] par négligence on contrecarre ce mouvement, en inspirant au moment où la nourriture est ingérée, cela produit des toux et des suffocations, comme nous l'avons dit. Le mouvement de l'épiglotte et celui de la langue ont été arrangés d'une manière si belle que, pendant que la nourriture est broyée dans la bouche et passe à côté de l'épiglotte, il n'arrive pas souvent [35] que la langue tombe sous les dents, et qu'il est rare que quelque chose s'égare dans la trachée.

Les animaux que nous avons mentionnés ne

possèdent pas d'épiglotte, **[665a]** parce que leur chair[1] est sèche et leur peau rigide, de sorte que la partie de cette sorte, qui serait formée chez eux d'une telle chair et d'une telle peau, ne serait pas mobile ; mais **[5]** le resserrement des extrémités de la trachée elle-même se produirait plus vite que celui de l'épiglotte que possèdent, formée à partir de leur propre chair, les animaux pourvus de poils. Ainsi, pour quelle raison certains animaux en possèdent une, et non d'autres, qu'on le tienne pour dit, comme aussi pourquoi la nature a remédié à la vilaine position de la trachée-artère en inventant ce qu'on appelle l'épiglotte.

Or **[10]** c'est par nécessité que le pharynx est situé en avant de l'œsophage. En effet, le cœur, dans lequel nous affirmons que réside le principe de la vie ainsi que de tout mouvement et de toute sensation, est situé dans les parties de devant et au milieu (car c'est sur ce qu'on appelle le devant que se trouvent la sensation et le mouvement : c'est en effet par ce même raisonnement qu'on délimite l'avant **[15]** et l'arrière), tandis que le poumon est situé là où se trouve le cœur et autour de lui ; la respiration se produit à cause de cela et du principe présent dans le cœur. Or c'est grâce à la trachée-artère que la respiration a lieu chez les animaux : par là même, puisqu'il est nécessaire que le cœur, en tout premier, soit situé dans les parties de devant, **[20]** il est nécessaire que le pharynx et la trachée soient situés avant l'œsophage, car ils s'étendent jusqu'au poumon et au cœur, tandis que

1. Le texte comporte un pluriel.

l'œsophage va vers l'estomac ; de façon générale, ce qui est meilleur et de rang plus élevé se trouve toujours, lorsqu'une fonction plus importante ne l'empêche pas[1], dans les parties du haut plutôt que dans celles du bas, **[25]** dans celles de devant plutôt que de derrière, et dans celles de droite plutôt que celles de gauche.

3. L'ORGANISATION DES PARTIES INTERNES

3.1 Les parties internes des animaux sanguins

III, 4

Nous avons parlé du cou, de l'œsophage et de la trachée-artère ; la suite, c'est de parler des viscères. Ces derniers sont propres aux animaux sanguins, et dans certains cas ils sont tous présents, **[30]** non dans d'autres. Aucun non-sanguin ne possède de viscères.

Il semble bien que Démocrite ne les ait pas détaillés correctement, s'il a effectivement pensé que c'est à cause de leur petitesse qu'ils ne sont pas observables chez les animaux non sanguins. Car lorsque les sanguins viennent tout juste de se former et sont encore minuscules, le cœur et le foie deviennent apparents : **[35]** en effet, dans les œufs de trois jours, ils apparaissent avec **[665b]** la taille d'un point, et avec une taille minuscule dans les embryons avortés.

---

1. Littéralement : « là où quelque chose de plus grand n'y fait pas obstacle ».

En outre, de même que tous les animaux n'ont pas l'usage des mêmes parties externes, mais ont été pourvus chacun d'une façon propre en rapport avec son mode de vie et ses mouvements, c'est ainsi que même les parties internes sont naturellement différentes d'un animal à l'autre. [5] Or les viscères sont propres aux sanguins, et c'est pourquoi chacun d'eux est formé d'une matière sanguine. C'est clair chez les nouveau-nés de ces animaux : leurs viscères sont plus sanguinolents et très grands en proportion du reste, du fait que le type de matière[1] et la quantité de celle-ci sont très manifestes au premier niveau d'assemblage[2].

3.11 Le cœur

Un cœur [10] appartient donc à tous les sanguins ; nous avons dit précédemment pour quelle raison. D'une part, en effet, il est clair que posséder du sang est nécessaire aux sanguins ; or comme le sang est un liquide, il est nécessaire qu'un vase soit présent, et c'est manifestement dans ce but que la nature a fabriqué les vaisseaux. D'autre part, il est nécessaire que l'origine de ceux-ci soit unique : [15] car là où c'est possible, il vaut mieux qu'il y en ait une seule plutôt que plusieurs.

---

1. Le terme est ici εἶδος, qu'on traduit ailleurs par « forme », mais, comme il fonctionne ici en couple avec le terme de quantité (πλῆθος), il désigne une caractéristique immanente de la matière.
2. L'expression πρώτη σύστασις ne vise pas le début de la formation d'un animal comme le pense Pierre Louis, car il est ici question de nouveau-nés, mais le niveau de composition des parties homéomères.

3.111 La situation du cœur comme principe de l'animal sanguin

Le cœur est l'origine des vaisseaux : car manifestement ils sortent de lui sans le traverser, et sa nature est vasculaire, comme il leur est apparenté. Sa position aussi occupe l'emplacement d'un principe[1], car il est situé vers le milieu, plutôt en haut qu'en bas, et devant plutôt que derrière : [20] c'est en effet dans les parties plus honorables que la nature a installé ce qui l'est plus, lorsque rien de plus important ne l'empêche.

C'est dans le cas des hommes que ce que nous disons est le plus manifeste, mais même chez les autres sanguins, unanimement, le cœur tend à être situé au milieu du corps nécessaire[2]. La limite de ce dernier, c'est l'endroit par lequel sont sécrétés les surplus. Les membres [25] sont naturellement différents d'un animal à l'autre, et ils ne sont pas au nombre des parties nécessaires pour vivre ; c'est pourquoi on peut vivre lorsqu'ils ont été enlevés ; il est d'ailleurs clair que des membres supplémentaires ne font pas non plus mourir.

Ceux qui disent que l'origine des vaisseaux se trouve dans la tête n'ont pas fait une supposition juste. Car premièrement ils multiplient les origines et les dispersent, et ensuite ils les placent dans un

---

1. Le terme ἀρχὴ signifie ici « principe », alors que dans le reste du passage il a le sens spatial d'« origine ». 2. Cette expression désigne le tube digestif, commun à tous les êtres vivants.

lieu froid. Ce lieu est, à l'évidence, glacial, alors que celui qui entoure le cœur est tout le contraire.

Comme nous l'avons dit, alors que les vaisseaux traversent les autres viscères, il n'y a pas de vaisseau qui s'étende à travers le cœur : de là, il est clair que le cœur est partie et origine des vaisseaux, et c'est conforme à la raison. En effet, le milieu du cœur est un corps dense et creux de nature, et, de plus, plein de sang, **[666a]** dans la mesure où les vaisseaux partent de là : creux pour recevoir le sang, dense pour conserver le principe de la chaleur. C'est en effet le seul endroit des viscères et du corps où il y ait du sang en l'absence de vaisseaux, alors que chacune des autres parties contient le sang dans ses vaisseaux. Cette disposition est conforme à la raison. En effet, à partir du cœur, c'est précisément vers les vaisseaux que le sang est amené par irrigation, alors que vers le cœur il n'est pas amené d'un autre endroit : car c'est lui qui est l'origine et la source du sang, ou encore son réceptacle premier[1]. Mais c'est plutôt à partir des *Planches anatomiques* que ces choses apparaissent dans toute leur clarté, ainsi qu'à partir du traité sur la génération : car le cœur est tout de suite sanguin, lui qui, de toutes les parties, se forme en premier. De plus, les mouvements liés aux plaisirs et aux douleurs, et en général à toute sensation, y trouvent manifestement leur origine et aboutissent à lui.

---

1. Nous rétablissons l'ordre du « et » et du « ou » tels qu'ils se trouvent dans la majorité des manuscrits.

C'est ainsi qu'il en va[1] selon le raisonnement : car il faut que l'origine soit unique, là où c'est possible. Or le lieu le plus épanoui, c'est le milieu : car le milieu est unique, et à partir de lui on peut atteindre tout point de la même manière ou à peu près. De plus, puisque aucune des parties dépourvues de sang n'est sensitive, ni le sang, il est clairement nécessaire que la partie qui contient en premier le sang, et qui le contient comme un vase, en soit l'origine.

Or cela n'est pas manifeste seulement par le raisonnement, mais aussi selon la sensation : car dans les embryons le cœur est la partie dont le mouvement se manifeste tout de suite comme s'il s'agissait d'un animal, ce qui indique[2] qu'il est principe de la nature des sanguins. Une preuve de ce que nous avons dit, c'est qu'il appartient à tous les sanguins : car il leur est nécessaire de posséder l'origine du sang.

Le foie aussi appartient à tous les sanguins, mais personne ne saurait le tenir pour un principe, que ce soit de l'ensemble du corps ou du sang, car il n'occupe absolument pas la position d'un principe ; il a au contraire comme contrepoids, chez les animaux les plus sophistiqués, la rate. De plus, il ne contient pas en lui de réceptacle de sang, comme le cœur, mais il contient le sang dans un vaisseau, comme le reste des parties. De plus, un vaisseau le traverse, alors qu'aucun ne traverse le cœur : car tous

---

1. Nous ne traduisons pas le καὶ qui peut signifier « précisément », ou « aussi ». **2.** La construction grecque est ὡς suivi du participe. En langage familier : « comme quoi il est… ».

les vaisseaux tirent leur origine du cœur. Donc, puisqu'il est nécessaire que l'un des deux soit une origine, et que le foie n'en est pas une, il est nécessaire que le cœur soit précisément l'origine du sang : car l'animal se définit par la sensation ; or la partie sensitive première, c'est la partie sanguine première, et le cœur est une chose de cette sorte ; car il est **[666b]** l'origine du sang et la partie sanguine première.

3.112 Description du cœur

Son extrémité est pointue et plus massive que le reste, et il est situé contre la poitrine et en général dans les parties avant du corps pour qu'elle ne soit pas refroidie : car la poitrine est toujours moins charnue que le reste, alors que les parties du dessus sont plus charnues, et c'est pourquoi le chaud possède un abri important le long du dos. Chez les autres animaux, le cœur se trouve au milieu de la cage thoracique, tandis que chez les hommes il est légèrement décalé vers la gauche pour équilibrer le refroidissement des parties gauches : car de tous les animaux, c'est l'homme qui a les parties gauches les plus froides[1]. Nous avons dit plus haut[2] que le cœur des poissons présente la même situation, et pourquoi il en semble autrement : il a sa pointe orientée vers la tête ; or c'est cette dernière qui est le devant du corps, car le mouvement se dirige vers elle.

1. Littéralement : « les plus refroidies ». 2. *Histoire des animaux* II, 17 (507a 3-6).

Le cœur contient aussi une grande quantité de tendons, ce qui est conforme à la raison, car c'est de lui que partent les mouvements, et ils s'accomplissent par traction et relâchement : il a donc besoin de leur aide et de leur force.

Le cœur, comme nous l'avons dit précédemment, est naturellement comme une sorte d'animal chez ceux qui en ont un. Il est dépourvu d'os chez tous les animaux que nous avons observés nous-mêmes, sauf chez les chevaux et un certain genre de vaches : chez ces derniers, en raison de leur taille, un os est placé dessous comme pour le soutenir, de la même manière que pour l'ensemble du corps.

Le cœur des grands animaux possède trois ventricules, celui des animaux plus petits, deux, mais toujours au moins un. Nous avons dit pour quelle raison : c'est qu'il faut qu'un certain lieu du cœur soit le réceptacle du sang premier. Que le sang se forme d'abord dans le cœur, nous l'avons dit à plusieurs reprises. Or [1] du fait que les vaisseaux principaux sont au nombre de deux, à savoir celui qu'on appelle le grand vaisseau et l'aorte (car comme chacun des deux est une origine des vaisseaux et qu'ils présentent des différences dont nous parlerons ultérieurement, il est meilleur que leurs origines aussi soient séparées, et cela peut se faire avec un sang différent et séparé), c'est pour cette raison que, lorsque c'est

---

1. Nous rétablissons la coordination δὲ, présente dans la plupart des manuscrits (sauf P et Π), malgré la rupture de construction qu'introduit le διόπερ de la l. 30 (« c'est pour cette raison que… »).

possible, il y a deux réceptacles ; or c'est possible chez les grands animaux : car leur cœur aussi possède une grande taille. De plus, il est meilleur que les ventricules soient au nombre de trois, afin qu'il y ait une seule origine commune ; or l'origine est le milieu et l'impair : par là même, ils ont besoin à chaque fois d'une taille plus grande, et c'est pour cette raison que **[35]** les cœurs les plus grands sont les seuls à en posséder trois. **[667a]** Ce sont les ventricules de droite qui contiennent le sang le plus abondant et le plus chaud (c'est pourquoi les parties de droite sont plus chaudes), tandis que ceux de gauche en contiennent un moins abondant et plus froid ; ceux du milieu en contiennent un qui présente une quantité et une chaleur intermédiaires, mais qui est très pur : car il faut que le principe soit le plus possible en repos, **[5]** ce qui peut être le cas avec un sang pur dont la quantité et la chaleur sont intermédiaires.

Les cœurs présentent aussi une certaine division, à peu près semblable aux sutures du crâne ; ce ne sont pas des points de contact comme on en trouve dans une chose composée de plusieurs morceaux, mais, comme nous l'avons dit, plutôt des articulations[1]. Le cœur des animaux sensibles présente plus d'articulations, tandis que celui des animaux plutôt indolents **[10]** en présente moins, comme dans le cas des porcs.

---

1. Nous rétablissons le nominatif pluriel de la plupart des manuscrits, au lieu du datif singulier (« par articulation »).

3.113 Différences du cœur et du caractère

Les différences du cœur selon qu'il est grand ou petit, dur ou mou, s'étendent d'une certaine façon jusqu'aux caractères. En effet, les animaux insensibles ont un cœur dur et dense, tandis que ceux qui sont sensibles en ont un plus mou ; et ceux qui ont des cœurs de grande taille sont peureux, tandis que ceux qui en ont de plus petits ou de moyens sont plutôt intrépides. Car les premiers sont prédisposés à l'émotion de peur, du fait qu'ils n'ont pas une chaleur proportionnée à la taille de leur cœur : cette faible chaleur s'exténue chez les grands animaux ; aussi leur sang est-il plus froid. Possèdent des cœurs de grande taille le lièvre, le cerf, le rat, l'hyène, l'âne, la panthère, la belette, et pratiquement tous les autres animaux qui sont manifestement peureux ou que la peur rend malfaisants.

3.114 Rapport entre taille et chaleur des ventricules et des vaisseaux

Il en va à peu près de la même manière pour les vaisseaux et pour les ventricules : car les vaisseaux et les ventricules de grande taille sont froids. En effet, de même que, selon qu'il s'agit d'une petite ou d'une grande pièce, un feu égal chauffe moins dans un endroit plus grand, ainsi pour la chaleur chez ces animaux : car aussi bien le vaisseau que le ventricule sont des vases. De plus, les mouvements venant de l'extérieur refroidissent tout objet chaud ; or dans les cœurs plus vastes le souffle est plus abondant et plus fort : c'est pourquoi aucun animal à grands ventricules ou à grands vaisseaux n'est gras de chair ; au contraire, **[30]** tous les animaux de cette sorte, ou la plupart, ont manifestement des vaisseaux non apparents et des ventricules de petite taille.

3.115 Rareté des maladies du cœur

Parmi les viscères et les parties qui se trouvent dans le corps en général, il n'y a que le cœur qui ne supporte aucune affection grave, ce qui est conforme à la raison : car si le principe[1] est détruit, il n'y a plus rien dont pourrait naître un secours pour les choses qui en dépendent. Un signe **[35]** que le cœur n'admet aucune affection, c'est que chez les **[667b]** animaux sacrifiés on n'a jamais constaté sur lui d'affection de cette sorte, contrairement aux autres viscères. En effet, les reins apparaissent souvent remplis de calculs, de tumeurs et de furoncles, ainsi que le foie, et c'est la même chose pour le poumon et surtout pour la rate. Beaucoup d'autres **[5]** affections manifestes les concernent, mais les plus rares sont celles du poumon au niveau de la trachée, celles du foie au niveau de la jointure avec le grand vaisseau, ce qui est conforme à la raison : car c'est surtout par cet endroit qu'ils communiquent avec le cœur. Or chez les animaux qui paraissent mourir d'une maladie ou de telles affections, **[10]** la dissection révèle la présence d'affections malignes autour du cœur.

1. Ou : « l'origine ».

III, 5

En voilà assez sur le cœur : ce qu'il est, pour quoi et à cause de quoi il appartient aux animaux qui en ont un.

3.12 Le grand vaisseau et l'aorte

Pour continuer, il faut sans doute parler des vaisseaux que représentent le grand vaisseau et l'aorte : car ils sont les premiers à recevoir **[15]** le sang du cœur, tandis que les autres vaisseaux en sont les ramifications. Qu'ils existent pour le sang, nous l'avons dit plus haut : car tout liquide a besoin d'un vase, le genre des vaisseaux est un vase, et le sang est en eux ; mais pour quelle raison ils sont deux et partent d'une origine unique pour s'étendre par tout le corps, disons-le maintenant.

3.121 Pourquoi il y a deux vaisseaux principaux

La cause du fait qu'ils **[20]** aboutissent à une origine unique et proviennent d'une origine unique, c'est que tous les animaux ont une seule âme sensitive en acte, de sorte que la partie qui contient celle-ci à titre premier est unique, chez les sanguins selon la puissance et selon l'acte, et chez certains non-sanguins selon l'acte seulement[1]. C'est pourquoi il est nécessaire que le principe du chaud soit dans le même

---

1. Ce qui explique qu'on puisse couper en deux certains insectes et produire ainsi deux animaux indépendants. Ces animaux sont un en acte, mais potentiellement plusieurs. Voir *De l'âme* II, 2 (413b 16-24).

lieu. Or c'est lui[1] qui est cause, précisément pour le sang, de son humidité et de sa chaleur. C'est donc parce que le principe sensitif et celui de la chaleur résident dans une partie unique que la nature du sang provient d'une origine unique ; et c'est à cause de l'unicité du sang que la nature des vaisseaux provient d'une origine unique.

Ils sont deux, parce que le corps des animaux sanguins et de ceux qui marchent est en deux parties : car chez tous ces animaux on distingue l'avant et l'arrière, la droite et la gauche, le haut et le bas. Autant l'avant est plus honorable et plus directif que l'arrière, autant l'est le grand vaisseau par rapport à l'aorte. Le premier est en effet situé dans les parties de devant, la seconde dans celles de derrière, et si tous les sanguins possèdent manifestement le premier, **[668a]** pour la seconde c'est soit indistinct, soit obscur.

3.122 Nécessité des vaisseaux

La cause du fait que les vaisseaux soient répandus dans tout le corps, c'est que le sang, ou pour les non-sanguins son analogue, est la matière de tout le corps, et que l'un et l'autre se trouvent dans les vaisseaux ou dans une partie analogue. Comment les animaux se nourrissent, à partir de quoi et de quelle manière ils tirent leur nourriture de l'estomac, c'est dans les leçons sur la génération[2] qu'il convient

---

1. Le démonstratif grec féminin reprend le terme ἀρχὴ (« principe ») de la phrase précédente. 2. Voir *Génération des animaux* II, 4.

plutôt de l'examiner et de le dire ; toutefois, les parties étant formées de sang, comme nous l'avons dit, il est conforme à la raison que l'écoulement naturel des vaisseaux se fasse à travers tout le corps : car il faut que le sang passe à travers tout et près de tout, s'il est vrai que chaque partie est formée de sang. Or il semble que, de même que dans les jardins les conduites d'eau sont établies à partir d'une origine et d'une source uniques vers de nombreuses canalisations sans cesse diverses pour partager l'eau dans toutes les directions, et que dans les constructions on aligne des pierres sur tout le plan des fondations du fait que les cultures de jardin poussent à partir de l'eau tandis que les fondations sont construites avec des pierres, c'est de la même manière que la nature a canalisé le sang à travers tout le corps, étant donné qu'il est naturellement matière de tout. Cela s'avère particulièrement clair chez les sujets très amaigris, car rien n'apparaît d'autre que leurs vaisseaux, comme dans le cas des feuilles de vigne, de figuier et autres plantes de même sorte : de fait, lorsqu'elles sont desséchées, il ne reste que les vaisseaux.

La cause de cela, c'est que le sang et son analogue sont en puissance corps et chair, ou une chose analogue ; ainsi, de même que dans les dérivations par canal les fosses les plus grandes demeurent, tandis que les plus petites disparaissent en premier et rapidement sous l'effet du limon mais redeviennent apparentes lorsqu'il s'en va, ainsi les vaisseaux les plus grands demeurent, tandis que les plus petits deviennent des chairs en acte, alors qu'en puissance ils n'en restent pas moins des vaisseaux. C'est pourquoi, lorsqu'on découpe des chairs en bon état, le sang coule de partout ; on peut objecter[1] qu'il n'y a pas de sang sans vaisseau, mais aucun petit vaisseau n'est visible, tout comme les fosses dans les canalisations avant que le limon ait été enlevé.

Les vaisseaux progressent toujours des plus grands vers les plus petits, jusqu'à ce que les conduits deviennent plus petits **[668b]** que l'épaisseur du sang : à travers de tels conduits, il n'y a plus de passage pour le sang, mais il en reste un pour le surplus de l'exhalaison humide, que nous appelons la sueur, ce qui se produit quand le corps est échauffé de partout et que les petits vaisseaux sont débouchés. Il est déjà arrivé à certaines personnes de suer un surplus sanguin à cause d'une mauvaise complexion ; leur corps était devenu flasque et sans consistance[2], tandis que leur sang avait été desséché faute de cuisson, la chaleur contenue dans les petits vaisseaux étant impuissante à effectuer la cuisson à cause de sa faible quantité. Car nous avons dit[3] que tout composé de terre et d'eau s'épaissit lorsqu'il cuit ; or la nourriture et le sang sont un mélange des deux. La chaleur est incapable d'effectuer la cuisson, en raison non seulement de sa faible quantité, mais aussi

1. C'est ainsi que nous rendons le καίτοι, qui introduit l'objection que les chairs doivent bien contenir des vaisseaux pour saigner ; cette objection sera levée par l'argument que les chairs sont l'actualisation de petits vaisseaux qui peuvent en cas de division reprendre leur nature première. 2. Littéralement : « rare » (contraire de dense). 3. Voir II, 2.

de l'abondance et de l'excès de la nourriture absorbée : sa quantité devient faible en proportion de celle-ci. Or il y a deux sortes d'excès : le quantitatif et le qualitatif. Car tout n'est pas également facile à cuire.

C'est dans les conduits les plus larges que le sang s'écoule le plus : c'est pourquoi, à partir des narines, des gencives et de l'anus, parfois même à partir de la bouche, se produisent des écoulements de sang indolores, et non de façon violente comme ceux qui partent de la trachée.

3.123 La disposition des vaisseaux

Distants en haut mais se recoupant en bas, le grand vaisseau et l'aorte maintiennent le corps. Car à mesure de leur progression, ils se scindent selon la bifurcation des membres, et l'un progresse de l'avant vers l'arrière, l'autre en sens inverse, et ils se rejoignent pour former un seul vaisseau : car de même que le continu se produit davantage dans les choses entrelacées, c'est ainsi que, grâce au recoupement des vaisseaux, les parties antérieures du corps sont liées avec les parties postérieures. Un phénomène semblable se produit, en partant du cœur, dans les lieux supérieurs. Toutefois, pour ce qui est de savoir avec exactitude de quelle façon les vaisseaux sont disposés les uns par rapport aux autres, il faut l'étudier à partir des *Planches anatomiques* et de l'*Histoire des animaux*[1].

Et donc, au sujet des vaisseaux et du cœur, en voilà assez de dit ; il reste à mener l'examen des autres viscères selon la même méthode.

---

1. Livre III, chapitres 2 à 4.

3.13 Le poumon

3.131 Raison de la possession d'un poumon

III, 6

Les animaux d'un certain genre possèdent un poumon, parce qu'ils vivent au sol. Il est en effet nécessaire qu'un refroidissement se produise pour le chaud, **[35]** et les animaux sanguins ont besoin d'un refroidissement venant du dehors, car ils sont plus chauds. Quant aux non-sanguins, c'est grâce au souffle inné[1] qu'ils peuvent **[669a]** se refroidir. Or il est nécessaire qu'on se refroidisse de l'extérieur, soit avec de l'eau, soit avec de l'air. C'est pourquoi aucun poisson ne possède de poumon, mais au lieu de cela des branchies, comme nous l'avons dit dans les leçons sur la respiration[2] : **[5]** car c'est avec l'eau qu'ils produisent leur refroidissement, tandis que les animaux qui respirent le font au moyen de l'air, et c'est pourquoi tous les animaux qui respirent possèdent un poumon.

Tous les animaux qui vivent au sol respirent, et même certains animaux qui vivent dans l'eau, par exemple la baleine, le dauphin et tous les cétacés qui soufflent de l'eau. Car beaucoup d'animaux ont une nature ambiguë[3] : ainsi, parmi ceux qui vivent au sol,

---

1. Voir 659b 16. **2.** *Petits traités d'histoire naturelle*, *De la respiration*, chapitres 10, 12 et 16. **3.** Ces animaux « ambigus quant à leur nature » présentent des traits essentiels qui correspondent normalement à des genres distincts. C'est le cas de la

[10] alors même qu'ils absorbent l'air du fait de la composition[1] de leur corps, il y en a qui passent la plupart de leur temps dans l'élément liquide, et parmi ceux qui vivent dans l'élément liquide certains prennent tellement part à la nature vivant au sol que c'est dans le souffle que réside leur finalité vitale[2]. Or le poumon est l'organe de la respiration, lui qui tient du cœur le principe de son mouvement et qui produit [15] un large espace pour l'entrée du souffle en raison de son caractère spongieux et de sa taille : car lorsqu'il se soulève le souffle entre, et lorsqu'il retombe il ressort.

On a eu tort de soutenir que le poumon existe pour le battement du cœur : car c'est pour ainsi dire seulement chez l'homme que se produit le phénomène de précipitation, du fait que [20] lui seul connaît l'espoir et l'attente du futur ; chez la plupart des animaux, le cœur est très éloigné du poumon et se trouve situé au-dessus de lui, de sorte que le poumon ne peut pas contribuer au battement du cœur.

3.132 Différences du poumon selon les genres

Le poumon présente de nombreuses différences selon les animaux. En effet, certains l'ont sanguin et

---

chauve-souris, mais aussi de l'autruche (quadrupède par certains côtés, oiseau par d'autres ; voir IV, 14).

1. Du type de mélange (κρᾶσις) qui définit leur corps.
2. Cette expression obscure (τέλος τοῦ ζῆν) désigne soit la fonction essentielle à leur organisme, sans laquelle ils ne pourraient pas vivre au sens biologique (interprétation de Pierre Louis), soit le but qu'ils poursuivent de fait à travers tous leurs mouvements.

grand, d'autres plus petit **[25]** et spongieux ; les vivipares, à cause de la chaleur de leur nature, ont un poumon assez grand et riche en sang, tandis que les ovipares en ont un sec et petit, mais capable d'enfler considérablement lorsqu'il se gonfle, comme c'est le cas, parmi les animaux qui vivent au sol, des quadrupèdes ovipares, par exemple les lézards, les tortues et tout le genre en question, **[30]** auxquels s'ajoute la nature des animaux qui volent et qu'on appelle les oiseaux. En effet, tous ces animaux ont un poumon spongieux et semblable à de l'écume : de fait, l'écume se raréfie lorsqu'on la remue, et le poumon de ces animaux est petit et membraneux. C'est pourquoi tous ces animaux n'ont pas soif, boivent peu, et peuvent **[35]** tenir un temps considérable dans l'élément liquide : car dans la mesure où ils possèdent peu de chaleur, ils sont refroidis pour suffisamment de temps par le **[669b]** mouvement même du poumon, qui est formé d'air et vide. Il s'ensuit que la taille de ces animaux est plus petite, pour parler généralement : car le chaud fait grandir, et l'abondance de sang est signe de chaleur. **[5]** De plus, la chaleur redresse davantage les corps, et c'est pourquoi l'homme est l'animal le plus droit de tous, et les vivipares plus droits que les autres quadrupèdes : car aucun vivipare ne se terre comme ces derniers, qu'il soit dépourvu de pieds ou qu'il évolue sur le sol.

3.133 Conclusion sur le poumon

D'une façon générale, donc, le poumon existe pour la respiration, mais il est dépourvu de sang et est tel pour[1] un certain genre d'animaux ([10] en fait, ce qui leur est commun n'a pas reçu de nom, et ce n'est pas comme dans le cas de l'oiseau, qui est le nom qu'on donne à un certain genre). C'est pourquoi, de même que l'être de l'oiseau est formé de quelque chose, pour les précédents aussi posséder un poumon est présent dans leur essence.

3.14 Le foie, la rate, les reins et la vessie

3.141 Remarque préliminaire : tous les viscères sont doubles

III, 7

Certains viscères donnent l'impression d'être d'une seule pièce, comme le cœur et le poumon, d'autres doubles, comme c'est le cas des reins, [15] tandis que pour d'autres il est difficile de trancher. En effet, le foie et la rate ont sans doute un statut ambigu : car ils sont simples d'un certain point de vue, mais d'un autre ils sont formés, non pas d'une, mais de deux parties de nature approchante.

Tous les viscères sont doubles. La cause en est le partage du corps, qui est double tout en aboutissant à un principe unique : car il y a le haut [20] et le bas, le devant et le derrière, la droite et la gauche. C'est pourquoi le cerveau tend à être en deux parties chez tous, comme aussi chacun des organes sensoriels ; on

1. Au sens de cause finale (« en vue de l'existence d'un certain genre d'animaux »).

peut appliquer le même raisonnement au cœur, avec ses ventricules. Le poumon, chez les ovipares, est tellement partagé qu'on a l'impression qu'ils [25] en possèdent deux. Quant aux reins, leur cas est clair pour n'importe qui. Mais pour ce qui est du foie et de la rate, on peut être embarrassé à juste titre. La cause en est que chez les animaux qui possèdent par nécessité une rate, la rate peut passer en quelque sorte pour un foie bâtard, alors que chez ceux qui ne l'ont pas par nécessité mais en ont une toute petite comme pour servir de repère, [30] le foie est visiblement en deux parties, dont l'une tend à être située du côté droit, et la plus petite du côté gauche. Cependant, chez les ovipares, c'est moins manifeste que chez les précédents, mais dans certains cas, même ici, le foie est clairement partagé comme chez certains vivipares : par exemple, dans certaines régions, les lièvres semblent [35] posséder deux foies, comme c'est le cas des poissons sélaciens et de quelques autres.

Or c'est parce que le foie est situé plutôt dans les parties droites [670a] que la nature de la rate s'est formée, de sorte qu'il est nécessaire d'une certaine façon, mais pas tout à fait, qu'elle existe chez tous les animaux.

La raison pour laquelle la nature des viscères est double, c'est, comme nous l'avons dit, que la droite et la gauche sont deux choses distinctes : car chacune cherche son [5] semblable. De même qu'elles tendent à posséder une nature voisine et jumelle, à la façon dont ces choses-là sont jumelles mais se rejoignent en une seule, il en va pareillement pour chacun des viscères.

3.142 Fonction de ces viscères

Les viscères situés en bas du diaphragme existent tous de façon commune en vue des vaisseaux, de façon à ce que ces derniers, qui sont en suspens, restent en place grâce au lien qui unit les précédents au corps. Car c'est comme des ancres que les vaisseaux sont jetés dans le corps à travers les parties allongées, en partant du grand vaisseau vers le foie et la rate : car la nature de ces viscères, un peu comme le feraient des clous, fixe au corps le grand vaisseau, puisque le foie et la rate le fixent sur les flancs du corps (car il n'y a que vers eux que s'étendent les vaisseaux qui partent de lui), tandis que les reins le fixent sur les parties postérieures ; ce n'est pas seulement du grand vaisseau mais aussi de l'aorte qu'un vaisseau s'étend vers chacun des deux.

Ces parties s'accordent, grâce à cela, avec la constitution des animaux en question : ainsi, le foie et la rate aident à la cuisson de la nourriture (car étant sanguins ils sont de nature chaude), tandis que les reins aident à la sécrétion de surplus vers la vessie. Donc le cœur et le foie sont nécessaires à tous les animaux, le premier à cause du principe de la chaleur (il faut en effet qu'il y ait quelque chose comme un foyer, où sera situé ce qui rallume la nature, et que cela soit bien protégé, étant comme l'acropole du corps), et le foie en vue de la cuisson. Tous les sanguins ont besoin de ces deux viscères, c'est pourquoi tous les sanguins possèdent ces deux viscères, et ce sont les seuls qu'ils possèdent tous ; ceux qui respirent en possèdent aussi un troisième, le poumon.

Quant à la rate, c'est par accident qu'elle appartient nécessairement **[30]** à ceux qui en ont une, comme c'est aussi le cas des surplus qui se trouvent l'un dans l'estomac[1], l'autre vers la vessie. C'est pourquoi chez certains elle est de faible taille, comme chez certains animaux à plumes, ceux qui ont l'estomac chaud, par exemple le pigeon, l'épervier, le milan, et il en va de même pour les ovipares **[670b]** quadrupèdes (ils en ont une toute petite) et pour beaucoup d'animaux à écailles : ces animaux sont justement ceux qui ne possèdent pas de vessie, du fait que le surplus est orienté à travers leurs chairs sans consistance vers les plumes et les écailles. Car la rate refoule de l'estomac **[5]** les humeurs excédentaires, et elle peut participer à la cuisson[2], puisqu'elle est sanguine. Au cas où le surplus est trop important ou que la rate possède peu de chaleur, l'estomac devient maladif, étant plein de nourriture : ainsi, à cause du flux et reflux de liquide qui s'y produit, beaucoup de **[10]** malades de la rate ont l'estomac qui durcit, comme ceux qui sont trop sujets à uriner du fait que leurs liquides sont tirés en sens contraire.

Les animaux qui produisent peu de surplus, comme les oiseaux et les poissons, l'ont soit petite, soit pour servir de repère[3]. Et chez les quadrupèdes ovipares la rate est petite, compacte et en forme de rein, du fait que leur poumon **[15]** est spongieux,

1. Il s'agit ici de l'« estomac inférieur » ou « bas ventre » (κάτω κοιλία), à savoir les intestins. **2.** Le verbe συμπέττειν peut signifier « cuire avec » aussi bien que « cuire ensemble ». **3.** Autrement dit, une ébauche de rate.

qu'ils boivent peu et que le surplus surnuméraire est orienté vers le corps et en particulier la carapace, comme il l'est vers les plumes chez les oiseaux. Chez ceux qui possèdent une vessie et ont le poumon sanguin, elle est humide pour la raison que nous avons indiquée et du fait que la nature des parties gauches est en général plus humide et [20] plus froide. Car chaque contraire est classé dans la colonne[1] qui lui est apparentée, par exemple droit est le contraire de gauche et chaud celui de froid : car ils appartiennent les uns et les autres à la même colonne, de la manière que nous avons indiquée.

Ce n'est pas par nécessité que les reins appartiennent aux animaux qui en possèdent, mais en vue de la belle et bonne disposition : car [25] de par leur nature propre, ils existent en vue de la production du surplus rassemblé dans la vessie, dans tous les cas où le résidu de cette sorte se révèle abondant, de façon à ce que la vessie accomplisse mieux sa fonction. Or puisque c'est pour une même utilité que les animaux possèdent les reins et la vessie, il faut parler maintenant de la vessie, en transgressant [30] l'ordre de succession des parties : car nous n'avons encore rien précisé au sujet du diaphragme[2], alors que cette partie est une de celles situées autour des viscères.

---

1. Il s'agit des fameuses colonnes de contraires pythagoriciennes (voir notamment *Métaphysique* A5, 986a 23-26), où se trouvent opposés sur chaque ligne un terme positif (par exemple, impair, mâle, chaud) et son contraire négatif.

2. La région des esprits (φρένες), qui se trouve au-dessus de l'estomac. On peut aussi lire, en intervertissant les lettres, νεφρῶν (les reins) au lieu de φρενῶν (le diaphragme), ce qui donne un sens très banal.

3.143 Lien entre poumon sanguin et possession de reins et d'une vessie

III, 8

Tous les animaux ne possèdent pas de vessie, mais il semble que la nature n'ait voulu en donner **[671a]** qu'à ceux qui ont un poumon sanguin, ce qui est conforme à la raison. Car à cause de l'excès de leur nature en cette partie, les animaux en question sont les plus sujets à la soif, et ils ont besoin non seulement de nourriture sèche mais aussi de nourriture humide, si bien que nécessairement **[5]** un plus grand surplus se forme, en quantité supérieure à ce qui peut être cuit par l'estomac et rejeté avec son surplus. Il est donc nécessaire que quelque chose puisse recevoir ce surplus. C'est pourquoi ceux qui ont un poumon de cette sorte possèdent tous une vessie ; et ceux qui ne sont pas dans ce cas mais boivent peu à cause du **[10]** caractère spongieux de leur poumon, ou plus généralement absorbent l'humide non pour boire mais pour se nourrir, comme les insectes et les poissons, ou encore qui sont pourvus de plumes, d'écailles ou d'une carapace, ceux-là, comme ils ingèrent peu de liquide et que leur surplus surnuméraire est orienté vers ces choses, ne possèdent jamais **[15]** de vessie, à l'exception des tortues parmi les animaux pourvus d'une carapace.

C'est sur ce seul point que la nature a été tronquée. La cause en est que les tortues de mer ont le poumon charnu et sanguin, semblable à celui du bœuf, tandis que les tortues terrestres en ont un plus grand que ne l'exige la proportion. De plus, [20] comme l'humide n'est pas expulsé à travers leurs chairs sans consistance, du fait que ce qui les entoure est dense et semblable à une coquille, comme c'est le cas chez les oiseaux, les serpents et les animaux à carapace en général, une telle quantité de résidu se forme qu'il faut que leur nature possède une partie qui puisse la recevoir, comme un vase. Ils sont donc les seuls animaux de cette sorte, pour cette raison, à posséder une vessie, [25] une grande pour la tortue de mer, et une toute petite pour les tortues terrestres.

III, 9

Il en va de même pour les reins. Car aucun des animaux à plumes, à écailles ou à carapace ne possède de reins, à l'exception des tortues de mer et des tortues terrestres ; mais, comme si la chair affectée aux reins ne possédait pas d'emplacement [30] mais se trouvait dispersée en plusieurs endroits, il y a chez certains oiseaux des plaques rénales. L'hémyde[1] ne possède ni vessie ni reins : car à cause de la mollesse du corps de la tortue, l'humide s'évapore facilement. Ainsi donc, l'hémyde, pour cette raison, ne possède aucune de ces deux parties ; mais pour les autres animaux qui ont le poumon sanguin, [35] comme nous l'avons dit plus haut, c'est un fait qu'ils possèdent tous [671b] des reins. Car la nature les utilise à la fois pour les vaisseaux et pour le rejet du surplus

1. Ou tortue d'eau douce.

humide : il y a en effet un conduit qui mène à eux à partir du grand vaisseau.

3.144 Description des reins

Les reins présentent tous un creux plus ou moins important, sauf ceux du phoque : ceux-ci, semblables à ceux de la vache, **[5]** sont les plus solides de tous. Ceux de l'homme sont eux aussi semblables à ceux de la vache : ils sont comme composés de plusieurs petits reins, et ne sont pas réguliers[1] comme ceux des moutons et autres quadrupèdes. C'est pourquoi il est difficile aux hommes de se délivrer d'une maladie des reins une fois qu'ils l'ont contractée : car il s'ensuit que **[10]** comme ils sont malades en quelque sorte de plusieurs reins, la guérison est plus difficile que lorsqu'on l'est d'un seul.

Le conduit qui part du grand vaisseau n'aboutit pas au creux des reins mais se répartit dans tout leur volume[2] : c'est pourquoi il ne se produit pas de sang dans leurs creux, pas plus qu'il n'en coagule à leur extrémité. **[15]** À partir du creux des reins, deux conduits robustes dépourvus de sang mènent à la vessie, un à partir de chaque rein, et d'autres, solides et continus, viennent de l'aorte. Ces choses sont disposées ainsi pour qu'à partir du grand vaisseau le surplus humide avance vers les reins, et qu'à partir des reins, **[20]** tandis que les liquides parcourent leur volume, le résidu produit s'écoule vers le milieu, où se présente un creux dans la plupart des cas : c'est

1. C'est-à-dire sans aspérités. 2. Littéralement : « le corps (σῶμα) des reins ».

pourquoi c'est le viscère le plus malodorant. À partir du milieu, à travers ces passages, est sécrété vers la vessie ce qui est déjà plutôt une sorte de surplus. La vessie est suspendue aux [25] reins : car, comme nous l'avons dit, de solides conduits s'étendent jusqu'à elle. Ainsi donc, les reins existent pour ces raisons et possèdent les puissances que nous avons mentionnées.

Chez tous les animaux qui possèdent des reins, celui de droite est situé plus haut que celui de gauche : car comme le mouvement se fait à partir des parties droites [30] et que, de ce fait, la nature des parties droites est plus forte, il faut que toutes les parties soient préparées davantage à s'élever à cause du mouvement, étant donné que la hanche[1] qu'ils lèvent le plus est la droite, et qu'elle est chez eux plus courbée que celle de gauche. Et du fait que le rein droit est surélevé, le foie [35] est en contact avec le rein droit dans tous les cas : car le foie est situé dans les parties droites.

3.145 Pourquoi les reins sont gras

[672a] Les reins sont les viscères qui contiennent le plus de graisse, par nécessité d'une part, du fait que le surplus parcourt les reins : car le sang qui reste, étant pur, est facile à cuire, et le résultat d'une bonne cuisson sanguine est de la graisse et du suif. [5] En effet, de même que dans les matières sèches

1. Nous corrigeons ὀφρὺν (« le sourcil ») en ὀσφὺν (« la hanche »), qui nous paraît donner un sens plus approprié et plus convaincant.

qui ont été enflammées, par exemple la cendre, il subsiste du feu, il en va de même dans les liquides qui ont cuit : car il subsiste une partie de la chaleur qui a été activée. C'est pourquoi la matière grasse est légère et surnage dans les liquides. En vérité, ce n'est pas dans les reins eux-mêmes que cela se produit, du fait que ce viscère est dense, mais c'est à l'extérieur que la graisse se dépose dans les parties à graisse, ou le suif dans les parties à suif ; la différence qui existe entre les deux a été exposée plus haut dans d'autres leçons[1].

Ainsi, c'est par nécessité, d'une part, qu'ils deviennent graisseux, du fait de cette cause liée aux phénomènes qui surviennent par nécessité à ceux qui ont des reins, et c'est d'autre part en vue de leur sauvegarde, pour que la nature des reins soit chaude[2]. Car du fait même qu'ils occupent l'extrémité, ils ont besoin d'un réchauffement plus important. En effet, le dos est charnu, de façon à servir de rempart aux viscères situés autour du cœur, tandis que la hanche est dépourvue de chair (car les articulations[3] de tous les animaux sont dépourvues de chair) : au lieu de la chair, c'est donc la graisse qui sert de rempart aux reins. De plus, ils dissocient et cuisent l'humidité davantage en étant gras : car le gras est chaud, et la chaleur cuit. C'est donc pour ces raisons que les reins sont graisseux, mais chez tous les animaux

1. II, 5. 2. Nous ne traduisons pas le καὶ (« et ») qui relie ces deux explications, dont la deuxième est le développement de la première. 3. Littéralement : « les points de flexion (καμπαὶ) ».

celui de droite est le moins graisseux. La cause en est que la nature des parties droites est sèche et [25] plus motrice ; et le mouvement est contraire : car il fait plutôt fondre le gras.

Si donc, pour les animaux en général, c'est un avantage d'avoir les reins gras, et que souvent ils les ont gras de part en part, le mouton, quant à lui, meurt lorsque cela lui arrive. Cependant, même lorsqu'ils sont tout à fait gras, il reste encore un manque, sinon dans les deux, du moins [30] dans celui de droite. La raison pour laquelle seuls les moutons sont concernés, ou eux surtout, c'est que chez ceux qui sont gras le gras est liquide, de sorte que les souffles, n'étant pas enfermés de façon semblable, causent de la douleur. Telle est la cause de la gangrène sèche ; c'est pourquoi les hommes qui ont mal aux reins [35] – bien qu'avoir les reins gras puisse être un avantage – souffrent de douleurs mortifères au cas où leurs reins deviennent trop gras. Pour le reste, chez les animaux [672b] à suif, le suif est moins dense que la graisse chez les moutons. Et du point de vue de la quantité, les moutons ont largement l'avantage : car de tous les animaux ce sont les moutons qui prennent le plus vite de la graisse autour des reins. Or l'humidité et les souffles étant enfermés à cause de [5] la gangrène sèche, ils périssent vite : car à travers l'aorte et le grand vaisseau l'affection gagne immédiatement le cœur ; les conduits qui partent de ces vaisseaux sont continus en direction des reins.

Nous avons traité du cœur et du poumon, ainsi que du foie, de la rate et des reins.

3.15 Le diaphragme

III, 10

Ces parties se trouvent séparées les unes des autres par le diaphragme[1]. Or le diaphragme en question, certains l'appellent « esprits[2] » : c'est lui qui délimite le poumon et le cœur. Ce diaphragme est appelé « esprits » chez les sanguins, comme nous l'avons dit.

3.151 Fonction du diaphragme

Tous les sanguins en ont un, de la même manière qu'ils possèdent un cœur et un foie. La cause en est qu'il existe pour délimiter le lieu qui entoure l'estomac et celui qui entoure le cœur, de façon à ce que le principe de l'âme sensitive ne soit pas affecté et ne soit pas rapidement envahi par l'exhalaison provenant de la nourriture et par l'abondance de la chaleur introduite. Dans ce but, la nature a opéré une séparation, en produisant les esprits comme une sorte de bâtiment adjacent et d'enclos, et elle a distingué ce qui est plus noble et ce qui est plus vil, dans tous les cas où il est possible de distinguer le haut et le bas : car le haut est le « en vue de quoi » et est meilleur, tandis que le bas, qui existe en vue

---

1. Le poumon par rapport aux autres viscères. 2. Il s'agit de l'appellation courante, à la fois populaire (attestée depuis Homère) et savante (voir les traités hippocratiques *Des lieux dans l'homme* et *Des chairs*, notamment). En traduisant par « esprits », nous faisons allusion à l'expression « reprendre ses esprits », c'est-à-dire sensation et conscience.

de cela et est nécessaire, est ce qui reçoit la nourriture. Le diaphragme est plus charnu [25] et plus solide du côté des flancs, et plus membraneux au centre : car c'est ainsi qu'il est plus utile pour la force et l'extension.

Pour quelle raison des sortes de ramifications existent pour la chaleur qui vient du bas, en voici un signe à partir des faits : car lorsque à cause du voisinage elles charrient une humidité chaude et excessive, [30] cela entraîne immédiatement un trouble patent de la réflexion et de la sensation, et c'est pourquoi elles sont appelées « esprits », dans l'idée qu'elles participent en quelque sorte à la pensée[1]. En fait, elles n'y participent nullement, mais comme elles sont proches des choses qui y participent elles rendent manifeste le changement qui s'opère dans la réflexion. C'est pourquoi elles sont minces au centre, pas seulement par nécessité [35] – parce qu'il est nécessaire que celles qui sont situées du côté des flancs, qui sont charnus, soient plus charnues –, mais afin qu'elles participent à la quantité d'humeur la plus faible possible : car si elles étaient charnues, [673a] elles contiendraient et charrieraient une quantité d'humeur plus importante.

3.152 Le phénomène du rire

Que lorsqu'elles sont échauffées elles produisent rapidement une sensation manifeste, c'est ce

---

1. Verbe φρονεῖν (penser, être dans son bon sens), apparenté au substantif φρήν (intelligence) qui donne φρένες au pluriel avec un sens corporel (les esprits, la région du diaphragme).

qu'indique aussi, d'une certaine façon[1], le phénomène du rire. Car lorsqu'on est chatouillé on a vite fait de rire, du fait que le mouvement atteint rapidement ce lieu, et que bien qu'il l'échauffe lentement il le fait sentir[2] et meut la pensée contre tout choix réfléchi[3]. La cause du fait que seul l'homme soit chatouilleux, c'est que sa peau est mince et qu'il est le seul animal qui rie. Le rire de chatouillement est obtenu par un tel mouvement de la partie située vers l'aisselle.

On affirme que même pour les coups qu'on reçoit à la guerre dans le lieu situé au niveau des esprits, un rire se produit, du fait de la chaleur qui provient du coup. Car ce qu'on peut entendre de gens dignes de foi, c'est plutôt cela que l'histoire de la tête qui, une fois coupée, émettrait un son chez les hommes. Car certains, citant Homère lui-même, prétendent qu'à cause de cela il aurait composé le vers suivant : « alors, *tout en parlant*, sa tête fut mêlée à la poussière », et non « comme il parlait »[4]. En Carie, les gens accordèrent tant de foi à un tel propos qu'ils traduisirent en justice un des habitants du pays. Car le prêtre de Zeus Armé étant mort sans qu'on puisse savoir du fait de qui, certains affirmèrent avoir entendu sa tête, une fois coupée, dire à plusieurs

1. Nous rétablissons le τι (modalisateur) de la grande majorité des manuscrits. 2. Littéralement : « il le rend manifeste ». 3. La *proairesis*, qui est une décision constituée à la fois de désir et de calcul (voir *Éthique à Nicomaque* III, 4-5). 4. Selon qu'on appose le participe du verbe φθέγγομαι (parler, émettre des sons) au terme féminin qui désigne la tête, ou qu'on le met au génitif masculin.

reprises : « Kerkidas a commis meurtre sur meurtre. » Aussi recherchèrent-ils celui qui dans la région se nommait Kerkidas, et ils le condamnèrent. Or il est impossible d'émettre un son une fois que la trachée est séparée et sans le mouvement qui provient du poumon. Même du côté des Barbares, **[25]** chez qui on a vite fait de couper les têtes, il n'est encore arrivé rien de tel. De plus, pour quelle raison cela ne se produit-il pas chez les autres animaux ? Car le cas du rire qui se produit lorsque les esprits ont reçu un coup est conforme à la raison : aucun des autres animaux ne rit ; et que le corps puisse avancer quelque part une fois la tête enlevée n'a rien de déraisonnable, puisque **[30]** les non-sanguins, tout au moins, peuvent même continuer à vivre un temps considérable ; nous avons expliqué la cause de ces phénomènes dans d'autres leçons[1].

Ainsi nous avons dit en vue de quoi existe chacun des viscères.

3.16 Remarques sur les viscères

3.161 Nature spécifique des viscères

Les viscères sont nés par nécessité sur les limites intérieures des vaisseaux : car il est nécessaire qu'une humeur s'en aille, et une humeur sanguine, **[673b]** à partir de laquelle, par regroupement et coagulation, le volume de chaque viscère se forme. C'est pourquoi

1. Voir le traité *De la vie et de la mort* dans les *Petits traités d'histoire naturelle*.

ils sont sanguins, et s'ils ont entre eux une nature corporelle semblable, il n'en est pas de même par rapport aux autres parties.

III, 11

Tous les viscères sont situés dans une membrane : car ils ont besoin d'un rempart pour ne pas être affectés, et d'un rempart léger ; or la membrane est d'une telle nature : car elle est dense afin d'isoler, dépourvue de chair afin de ne pas charrier ni contenir d'humeur, et mince pour être légère et ne produire aucun poids. Les membranes les plus grandes et les plus solides sont celles situées autour du cœur et du cerveau, ce qui est conforme à la raison : car ce sont ces derniers qui ont besoin de la plus grande protection. Car la protection concerne les parties principales, et ce sont surtout ces parties-là qui sont principales pour la vie.

3.162 Différences des viscères selon les espèces

III, 12

Certains animaux possèdent le nombre complet des viscères, tandis que d'autres ne les possèdent pas tous : quels animaux se trouvent dans ce dernier cas, et pour quelle raison, nous l'avons dit plus haut. Et chez ceux qui les possèdent, ces parties diffèrent : car tous ceux qui possèdent un cœur ne possèdent pas un cœur semblable, et il en va de même pour les autres parties.

En effet, le foie est scindé en lobes[1] chez certains, et chez d'autres il est plutôt simple, en premier lieu chez les sanguins vivipares ; de plus, ceux des [20] poissons et des quadrupèdes ovipares présentent plus de différences, aussi bien par rapport aux précédents que les uns par rapport aux autres. C'est celui des oiseaux qui se rapproche le plus du foie des vivipares : car sa couleur est pure et sanguine, de la même façon que chez ces derniers. La cause en est que les corps de ces animaux sont ceux qui respirent le plus facilement, et qu'ils ne renferment pas une forte quantité de mauvaise sécrétion. C'est pourquoi il y a même [25] des vivipares qui ne possèdent pas de bile : car le foie contribue pour une grande part au bon mélange d'humeurs dans le corps, c'est-à-dire à sa santé. Car c'est surtout dans le sang que se trouve le résultat de ces choses, et le foie est, après le cœur, le plus sanguin des viscères.

Le foie de la plupart des quadrupèdes ovipares et des poissons est jaune pâle, et dans certains cas il est même [30] tout à fait vilain, de même que leurs corps ont reçu en partage un vilain mélange d'humeurs, comme c'est le cas du crapaud, de la tortue et des autres animaux de même sorte.

Les bifurqués à cornes ont une rate ronde, comme c'est le cas de la chèvre, du mouton et de chacun des autres, à moins qu'en raison de sa taille elle possède une partie qui puisse assez facilement s'accroître en longueur, [674a] ce qui est le cas chez la vache ; les

1. Le terme est le même que pour les fissipèdes (πολυσχιδής : « à plusieurs fentes »).

fissipèdes en possèdent tous une grande, par exemple le porc[1], l'homme et le chien, et les solipèdes, une qui est intermédiaire entre celles-ci et mixte : car ils l'ont large d'un côté et étroite de l'autre, comme c'est le cas du cheval, du mulet et de l'âne.

3.163 Nature commune des viscères et des vaisseaux

III, 13

Ce n'est pas seulement par **[5]** leur volume[2] que les viscères diffèrent de la chair, mais aussi parce que celle-ci est située à l'extérieur, ceux-là à l'intérieur. La cause en est qu'ils ont une nature commune avec les vaisseaux : ainsi, certains viscères existent en vue des vaisseaux, et les autres n'existent pas sans vaisseaux.

3.17 L'estomac et l'intestin

III, 14

C'est sous le diaphragme qu'est situé l'estomac chez les animaux, **[10]** à l'endroit où se termine l'œsophage chez ceux qui en possèdent un, et immédiatement contre la bouche chez les autres ; à la suite de l'estomac se trouve ce qu'on appelle l'intestin.

---

1. Le porc est en réalité un bifurqué, non un fissipède au sens propre. Il semble qu'Aristote oppose ici animaux à sabot et animaux dont le pied présente une division (simple ou multiple).
2. Littéralement : « la masse de leur corps ».

3.171 Nécessité de ces parties

Pour quelle raison chacun des animaux possède ces parties, c'est manifeste pour tout le monde. De fait, il est nécessaire de recevoir la nourriture qui entre et de rejeter celle qui a été desséchée, **[15]** et que le lieu de la nourriture non cuite[1] ne soit pas le même que celui du surplus, et il faut qu'il y ait un certain lieu dans lequel la transformation s'effectue. En effet, une partie contiendra la nourriture qui entre, une autre le surplus inutile ; or comme les deux processus ne prennent pas le même temps, il est nécessaire qu'ils se distinguent aussi par leurs lieux. Mais **[20]** les précisions sur ce sujet trouveront une place plus adaptée dans les leçons sur la génération et la nutrition[2].

3.172 Différences de l'estomac selon les genres

Pour l'heure, il faut examiner la différenciation[3] de l'estomac et des parties du même groupe. Car les animaux ne les ont semblables ni par la taille ni par l'aspect.

En fait, parmi les sanguins vivipares eux-mêmes, ceux qui ont une double rangée de dents **[25]** possèdent un seul estomac, par exemple l'homme, le chien, le lion et les autres animaux à plusieurs doigts, ainsi que les solipèdes, comme le cheval, le mulet et l'âne ; les bifurqués à double rangée de dents,

---

1. C'est-à-dire celle qui n'a pas encore été digérée. 2. Voir *Génération des animaux*, en particulier II, 6. 3. Ou, en considérant lc singulier comme un pluriel : « les différences ».

par exemple le porc, en possèdent également un, sauf dans le cas où[1], du fait de la taille de leur corps et de la puissance d'une nourriture indigeste, pleine d'épines et comme du bois, ils en possèdent en quelque sorte plusieurs, comme c'est le cas du **[30]** chameau ainsi que des animaux à cornes. En effet, les animaux à cornes n'ont pas de double rangée de dents ; et c'est pour cette raison que même le chameau, bien qu'il soit sans cornes, ne fait pas partie des animaux à double rangée de dents, du fait qu'il lui est plus nécessaire d'avoir un estomac de cette sorte que des dents de devant. Par là même, puisque son estomac est semblable **[674b]** à celui des animaux qui n'ont pas de double rangée de dents, ce qui concerne les dents est aussi disposé chez lui de manière semblable, étant donné qu'elles ne lui sont d'aucune utilité. En même temps, puisque sa nourriture est pleine d'épines et qu'il est nécessaire que sa langue soit charnue, la nature a utilisé pour la dureté du palais **[5]** l'élément terreux retiré aux dents. Et le chameau rumine comme les animaux à cornes, du fait qu'il a des estomacs semblables aux leurs.

Les animaux à quatre estomacs

Les animaux suivants possèdent chacun plusieurs estomacs, par exemple le mouton, la vache, la chèvre, le cerf et les autres animaux de cette sorte, de façon à ce que, comme **[10]** le travail de la bouche n'est

---

1. Nous ne jugeons pas nécessaire d'ajouter après le εἰ un μή explétif avec Bussemaker.

pas assez efficace pour la nourriture à cause du manque de dents, l'un des différents estomacs reçoive la nourriture avant tel autre, le premier recevant une nourriture non élaborée, le deuxième une qui l'est plus, le troisième une qui l'est totalement, et le quatrième une qui est lisse. C'est pourquoi les animaux de cette sorte possèdent plusieurs lieux et plusieurs parties au lieu d'une : elles sont appelées panse[1], bonnet[2], feuillet[3] et caillette. Quant au rapport qu'elles entretiennent en termes de position et d'aspect, il faut l'étudier à partir de l'*Histoire des animaux*[4] et des *Planches anatomiques*.

Différences de l'estomac chez les oiseaux

C'est pour la même raison que le genre des oiseaux présente une différence en ce qui concerne la partie qui reçoit la nourriture. Car étant donné que ces animaux non plus n'effectuent pas intégralement le travail de la bouche (car ils n'ont pas de dents) et qu'ils ne possèdent ni le moyen de diviser la nourriture ni celui de la broyer, pour cette raison certains ont en avant de l'estomac, pour remplacer l'opération de la bouche, ce qu'on appelle un jabot, tandis que d'autres ont un large œsophage, ou en avant de l'estomac une partie d'œsophage volumineuse dans laquelle ils font provision de nourriture non élaborée, ou une saillie de l'estomac lui-même ; chez d'autres encore, c'est précisément l'estomac qui est

1. Le terme est le même que pour l'estomac (κοιλία). 2. Littéralement : « résille » (κεκρύφαλος). 3. Littéralement : « hérisson ». 4. II, 17.

solide et charnu pour pouvoir mettre longtemps en réserve et cuire une nourriture qui est impropre à être broyée : c'est en effet par la puissance et la chaleur de l'estomac que la nature compense l'insuffisance de la bouche. Certains oiseaux ne possèdent aucune de ces parties mais ont un grand jabot, tous ceux qui ont de longues pattes et vivent dans les marais, du fait de l'humidité de leur nourriture. La cause en est que pour tous ceux-là la nourriture est facile à broyer ; par conséquent, les estomacs des oiseaux de cette sorte sont humides faute de cuisson et à cause de la nourriture qu'ils ingèrent.

Différences de l'estomac chez les poissons

[675a] Le genre des poissons possède des dents, mais elles sont pratiquement toutes disposées en scie : rares sont les genres qui font exception, par exemple le poisson appelé scare, qui semble bel et bien être de ce fait le seul qui rumine, et c'est conforme à la raison ; en effet, les animaux qui n'ont pas une double rangée de dents, mais des cornes, ruminent. Tous les poissons possèdent des dents acérées, de sorte qu'ils sont capables de diviser, mais mal : car il ne leur est pas possible de passer du temps à savourer[1]. C'est pourquoi ils ne possèdent pas de dents larges et il ne leur est pas possible de broyer : c'est bien en vain qu'ils en posséderaient. De plus, certains n'ont tout simplement pas d'œsophage[2],

1. Nous corrigeons χρονίζοντας (qui donne : « il ne leur est pas possible d'y passer du temps en s'y attardant ») en ἐγχυμίζοντας, en nous fondant sur 660b 21. **2.** Le terme est στόμαχος, qui désigne tout ce qui est derrière le cou.

tandis que d'autres en ont un court. Mais pour aider la cuisson, certains ont des estomacs d'oiseaux, charnus, par exemple le muge, tandis que la plupart ont des appendices[1] contre l'estomac, afin que, faisant des réserves en ceux-ci comme dans des citernes d'appoint, ils fassent pourrir et cuire la nourriture.

Les poissons ont [15] des appendices disposés de façon contraire à ceux des oiseaux : car les poissons les ont en haut contre l'estomac, tandis que les oiseaux qui possèdent des appendices les ont en bas contre la terminaison de l'intestin. Il y a même des vivipares qui possèdent des appendices intestinaux en bas, pour la même raison.

Tout le genre des poissons, du fait qu'il n'arrive pas bien à [20] élaborer la nourriture et évacue par les selles des choses sans cuisson, est avide de nourriture, comme aussi tous les animaux qui ont l'intestin droit : car comme le transit se fait rapidement et que le plaisir, de ce fait, est court, il est nécessaire que le désir soit également rapide à revenir.

Différences de l'estomac chez les vivipares à double rangée de dents

Quant aux animaux à double rangée de dents, [25] si nous avons dit plus haut qu'ils ont un petit estomac, leurs estomacs se rangent presque tous sous deux différences : car les uns ont un estomac semblable à celui du chien, les autres à celui du porc ; celui du porc est un estomac plus grand qui présente des replis de taille moyenne, pour que la cuisson dure

---

1. Littéralement : « des ramifications » (ἀποφυάδες).

plus longtemps, tandis que celui du chien est [30] d'une petite taille qui ne dépasse pas beaucoup celle de l'intestin, et son intérieur est lisse.

3.173 Différences des intestins selon les genres

Après l'estomac, en effet[1], se trouve chez tous les animaux la nature des intestins. Tout comme l'estomac, cette partie présente de nombreuses différences. Car chez les uns, lorsqu'on la défait, elle est simple et régulière, mais irrégulière chez d'autres : car chez certains la section [35] proche de l'estomac est plus large, tandis que celle proche de la terminaison est plus étroite (c'est pourquoi les chiens ont du mal à évacuer la production de cette sorte de surplus[2]), **[675b]** tandis que pour la majorité elle est plus étroite en haut et plus large au bout.

Les intestins des animaux à cornes sont plus grands et présentent de nombreux replis, et leurs estomacs et intestins présentent des volumes plus importants à cause de leur taille : car tous [5] les animaux à cornes sont grands, pour ainsi dire, du fait de l'élaboration de la nourriture.

Chez tous les animaux qui n'ont pas l'intestin droit, la partie en question devient plus large lorsqu'ils rejettent l'excrément ; et ils possèdent ce qu'on appelle le côlon[3], et une certaine partie bouchée[4] de

1. Nous rétablissons le γὰρ que comportent ici tous les manuscrits originaux. 2. Qui est dans ce cas un excrément. 3. Littéralement : « bras » (κῶλον ou κόλον selon les manuscrits). 4. Le terme signifie en premier lieu « aveugle », d'où le nom latin *cæcum*.

l'intestin qui est volumineuse, puis après elle à nouveau une partie plus étroite et enroulée. La partie droite qui fait suite s'étend jusqu'à la sortie du surplus, et chez les uns cette partie (qu'on appelle l'anus) est grasse, tandis que chez les autres elle est dépourvue de graisse.

Toutes ces parties ont été fabriquées par la nature pour les opérations adaptées à la nourriture et au surplus qui se forme. Car pour la progression et la descente du surplus, un large espace se fait, précisément pour que, chez les animaux mieux alimentés et qui ont besoin de plus de nourriture, il s'arrête là et se transforme, du fait de sa taille ou de la chaleur de ces lieux. Ensuite, toujours en cet endroit, de même qu'un intestin plus étroit le recevait[1] de l'estomac du haut, le surplus, totalement desséché, part du côlon et du large espace qui se trouve dans l'estomac du bas pour aller à nouveau dans quelque chose de plus étroit, dans l'enroulement des intestins, de façon à ce que la nature se retienne et que la sortie du surplus ne se fasse pas d'un seul coup.

Ainsi, les animaux qui doivent être plus modérés dans la production de nourriture utile, ne possèdent pas de larges espaces dans l'estomac du bas mais plusieurs enroulements, et n'ont pas l'intestin droit. Car ce large espace produit un désir de quantité, tandis que la rectitude produit une rapidité du désir : c'est pourquoi les animaux qui ont des réceptacles

1. Le texte comporte un présent.

simples ou spacieux sont gloutons, respectivement en rapidité et en quantité[1].

Le jéjunum

Puisque, à sa première arrivée dans l'estomac du haut, la [30] nourriture est nécessairement neuve, et lorsqu'elle progresse vers le bas, nécessairement immonde et desséchée, il est nécessaire qu'il y ait une partie intermédiaire dans laquelle elle change et ne soit plus fraîche sans être déjà une immondice. Pour cette raison, tous les animaux de cette sorte possèdent ce qu'on appelle le jéjunum[2], qui se trouve après l'estomac dans l'intestin grêle : cette partie [35] est en effet située entre l'estomac du haut, dans lequel se trouve ce qui n'est pas cuit, et l'estomac du bas, qui accueille ce qui est déjà un surplus inutile.

Si le jéjunum se forme chez tous les animaux, il n'apparaît toutefois clairement que [676a] chez ceux de taille supérieure, lorsqu'ils ont jeûné et non lorsqu'ils ont mangé. Car c'est à ce moment-là qu'un intervalle se produit entre les deux lieux, tandis que, lorsqu'ils ont mangé, l'opportunité de la transformation est faible. Chez les femelles, le jéjunum se forme à n'importe quel endroit de l'intestin du haut, tandis que [5] les mâles l'ont en avant du cæcum et de l'estomac du bas.

1. Le grec comporte ici, à notre avis, un chiasme.
2. Le terme grec est νῆστις, qui signifie justement le jeûne.

III, 15

Tous les animaux à plusieurs estomacs possèdent ce qu'on appelle la présure, et parmi ceux à estomac unique, le lièvre. Les animaux à plusieurs estomacs qui possèdent la présure ne l'ont ni dans le grand estomac ni dans le bonnet ni dans la partie finale qu'est la caillette, mais dans la partie située entre la partie finale et les deux premières, c'est-à-dire dans ce qu'on appelle le feuillet.

Tous ces animaux possèdent de la présure à cause de l'épaisseur de leur lait, tandis que ceux à un seul estomac n'en ont pas, car le lait des animaux à un seul estomac est léger. C'est pourquoi le lait des animaux à cornes coagule, tandis que celui des animaux sans cornes ne coagule pas.

La présure se forme chez le lièvre du fait qu'il paît une herbe de la famille du figuier : le suc qui est tel fait cailler le lait dans l'estomac des embryons.

Pour quelle raison la présure se forme dans le feuillet des animaux à plusieurs estomacs, nous l'avons dit dans les *Problèmes*[1].

---

1. Il n'y a aucune raison de supprimer la référence aux *Problèmes* comme le fait Pierre Louis, d'autant que la phrase est introduite par un δὲ qui annonce, non une récapitulation, mais le passage à une nouvelle idée. Cela dit, il doit s'agir d'un passage perdu.

3.18 Les viscères chez les autres sanguins

IV, 1

Ce qui touche aux viscères, à l'estomac et à chacune des parties que nous avons mentionnées est disposé de la même manière chez les quadrupèdes ovipares et chez les animaux sans pieds, par exemple les serpents : [25] de fait, la nature des serpents est apparentée aux précédents, car elle est semblable à celle d'un lézard long ou même dépourvu de pieds[1]. Toutes ces parties sont à peu près identiques chez ces animaux et chez les poissons, à ceci près que les premiers possèdent un poumon du fait qu'ils vivent au sol, tandis que les seconds n'en possèdent pas mais ont des branchies à la place du poumon. Quant à la vessie, ni les poissons ni aucun des précédents n'en possèdent, [30] sauf la tortue : car comme ces animaux boivent peu à cause du caractère non sanguin de leur poumon, l'humide est orienté vers leurs carapaces, tout comme il est orienté vers les plumes chez les oiseaux. Et le surplus est blanc à la surface chez tous ces animaux, comme chez les oiseaux ; c'est pourquoi, chez ceux qui possèdent une vessie, lorsque le surplus sort [35] on observe une saumure terreuse qui se dépose au fond des vases : car ce qui est doux et buvable est dispensé aux chairs à cause de sa légèreté.

---

1. Nous rétablissons le texte des manuscrits (ἢ καὶ) contre la correction proposée par Düring (εἰ καὶ), qui donnerait : « bien que dépourvu de pieds ».

Parmi les serpents, les vipères présentent par rapport aux autres la même différence **[676b]** que les sélaciens par rapport aux autres poissons : car aussi bien les sélaciens que les vipères sont vivipares à l'extérieur, alors même qu'ils forment d'abord des œufs en eux-mêmes[1]. Tous les animaux de cette sorte ont un seul estomac, comme tous ceux qui sont à double rangée de dents ; et ils ont de tout petits viscères, comme tous ceux qui ne possèdent pas de vessie. Les serpents, à cause de la forme longue et étroite de leur corps, possèdent aussi de ce fait des viscères de figure longue et dissemblable par rapport aux autres animaux, parce que leurs figures ont été sculptées par le lieu de la même façon que dans un moule[2]. Tous les animaux sanguins possèdent un épiploon, un mésentère et ce qui touche aux intestins, plus le diaphragme et le cœur, mais pour le poumon et la trachée, tous en ont sauf les poissons. Et la position de la trachée et de l'œsophage est la même chez tous ceux qui en possèdent, du fait des causes indiquées plus haut.

---

1. Ils sont ovovivipares. 2. Le manque de largeur disponible a produit l'étirement en longueur.

3.19 La bile et les parties voisines

3.191 La bile

IV, 2

La plupart des animaux sanguins possèdent aussi de la bile, les uns l'ayant au niveau du foie, les autres éloignée vers les intestins, comme si sa nature ne provenait pas moins du bas de l'estomac[1]. C'est clair surtout dans le cas des poissons : car tous en ont, la plupart du côté des intestins, mais chez certains elle forme une broderie tout du long de l'intestin, comme chez le thon sarde[2] ; et la plupart des serpents sont disposés ainsi.

C'est pourquoi ceux qui disent que la nature de la bile existe pour une certaine sensation ne parlent pas correctement. Ils affirment en effet qu'elle existe pour la raison suivante : de façon à ce que la partie de l'âme qui entoure le foie oppresse lorsqu'elle se resserre et rende joyeux lorsqu'elle se relâche.

En fait[3], certains ne possèdent pas du tout de bile, par exemple le cheval, le mulet, l'âne, le cerf et le daim. Le chameau n'en sécrète pas non plus ; il a plutôt de petites veines bilieuses. Le phoque non plus ne possède pas de bile, ni le dauphin parmi les animaux marins. Au sein d'un même genre, il semble que certains en ont et pas d'autres, comme c'est

---

1. L'expression κάτω κοιλία désigne le bas-ventre (« estomac du bas »). **2.** Le terme grec est ἀμία. **3.** C'est par cette tournure de retour aux faits que nous rendons le μὲν γὰρ, à valeur d'insistance.

le cas parmi les souris. L'homme est aussi dans ce cas : car certains ont manifestement de la bile sur le foie, et pas d'autres. Aussi se produit-il une dispute au sujet du genre tout entier : car ceux qui ont rencontré des individus disposés d'une des deux manières [35] soutiennent que c'est partout le cas. Le même phénomène se constate chez les moutons et les chèvres : car la plupart **[677a]** d'entre eux possèdent de la bile, mais parfois en une si grande quantité que cet excès semble une chose hors du commun, comme c'est le cas à Naxos, alors que parfois ils n'en possèdent pas, comme en un certain point du territoire de Chalcis d'Eubée. En outre, comme nous l'avons dit, celle des poissons est fort éloignée du foie.

[5] Les partisans d'Anaxagore[1] semblent bien s'être trompés en soutenant que la bile est cause des maladies aiguës : car d'après eux, lorsqu'elle est en excès, elle se répand vers le poumon, les vaisseaux et les côtes. En fait[2], presque toujours, ceux à qui ces affections maladives arrivent ne possèdent pas de bile, ce dont on pourrait se rendre compte en les disséquant ; de plus, [10] la quantité présente dans l'état maladif et celle qui se répand ne peuvent pas être comparées. Mais il semble que, tout comme la bile qui se produit dans le reste du corps est un certain surplus ou une scorie, celle qui se produit au niveau du foie est un surplus et n'existe pas en vue de

---

1. Il ne s'agit pas forcément de contemporains d'Anaxagore (« Anaxagore et les siens »), mais d'une école de pensée se réclamant de lui. **2.** Le γὰρ justifie l'accusation d'erreur en introduisant un constat contraire.

quelque chose, au même titre que le résidu qui se trouve dans l'estomac et les intestins. S'il est vrai que la nature utilise quelquefois les surplus eux-mêmes pour en tirer un avantage, ce n'est pas une raison pour qu'il faille chercher un « en vue de quoi » à toutes choses ; en fait, certaines choses étant telles, de nombreuses autres s'ensuivent par nécessité.

Ainsi donc, les animaux chez qui la constitution du foie est saine, et dont le sang sécrété vers ce dernier possède une nature douce, ou bien n'ont pas du tout de bile sur le foie, ou bien l'ont dans de petits vaisseaux, à moins que cela varie selon les individus. C'est pourquoi les foies des animaux sans bile sont, pour parler généralement, d'une belle couleur et assez doux, et chez ceux qui possèdent de la bile la partie du foie recouverte de bile est très douce. En revanche, chez ceux qui sont constitués à partir d'un sang moins pur, la bile est précisément le surplus qui se produit. Car le surplus tend à être contraire à la nourriture, aussi bien que l'amer au doux, et c'est le sang doux qui est sain. Il est donc manifeste que la bile n'est pas en vue de quelque chose mais qu'elle est une élimination[1].

C'est pourquoi les Anciens qui ont affirmé que ne pas posséder de bile est cause d'une vie plus longue ont parlé avec la plus grande élégance, en considérant[2] les solipèdes et les cerfs : car ces animaux sont sans bile et ils vivent longtemps. De plus,

1. Le terme ἀποκάθαρμα désigne le produit d'une purgation.
2. Plusieurs manuscrits, dont E et Δ, ajoutent ici un τε (« à la fois »).

même ceux pour lesquels ces penseurs n'ont pas pu constater qu'ils ne possèdent pas de bile, **[35]** par exemple le dauphin et le chameau, se trouvent eux aussi avoir la vie longue. Il est en effet conforme à la raison que la nature du foie, vu son importance et sa nécessité, soit cause chez tous les animaux sanguins **[677b]** d'une vie plus ou moins longue, pour cette raison[1]. Et le fait qu'il y ait un surplus de cette sorte pour ce viscère et pour aucun des autres, est rationnel. Car il n'est pas possible qu'aucun suc de cette sorte approche le cœur (car il n'admet pas **[5]** d'affection violente), et aucun des autres viscères n'est nécessaire aux animaux, à part le foie : c'est pourquoi il n'y a que pour lui que cela se produit[2]. Il est étrange de ne pas considérer, partout où on voit du mucus ou le résidu de l'estomac, que c'est un surplus, et il est clair qu'il en va de même pour la bile et qu'elle ne diffère pas **[10]** d'un lieu à l'autre.

3.192 L'épiploon et le mésentère

IV, 3

Ainsi, au sujet de la bile, du fait de quelle cause certains animaux en possèdent et non d'autres, nous l'avons dit ; il reste maintenant à parler du mésentère

---

1. Nous interprétons le ποιάν τιν' οὖσαν comme une reprise corrélative de l'apposition ἐπίκαιρον οὖσαν καὶ ἀναγκαίαν (« vu son importance et sa nécessité »), et non comme une précision (« selon les propriétés qu'elle présente » ou, avec Pierre Louis, « selon son état »). **2.** Cette remarque obscure ne se trouve que dans le manuscrit P.

et de l'épiploon : car ils sont situés dans ce lieu et avec ces parties.

L'épiploon est une membrane, formée de suif chez ceux qui possèdent du suif, de graisse chez ceux qui possèdent de la graisse. De quelle sorte est chacune de ces deux choses, nous l'avons dit plus haut. L'épiploon, pareillement chez les animaux qui ont un seul estomac et chez ceux qui en ont plusieurs, part du milieu de l'estomac au niveau de l'espèce de suture qui y est tracée. Il occupe à la fois le reste de l'estomac et la foule des intestins, d'une manière semblable pour tous les sanguins, aussi bien chez ceux qui vivent au sol que chez les aquatiques.

C'est par nécessité que cette partie se forme ainsi : car le produit ultime d'un mélange de sec et d'humide qu'on échauffe prend toujours une forme de peau et de membrane ; or le lieu en question est plein d'une telle nourriture. De plus, du fait de la densité de la membrane, il est nécessaire que la part de nourriture sanguine qui s'y infiltre soit grasse (car c'est la plus subtile) et que, du fait de la chaleur qui entoure ce lieu, au lieu d'un assemblage charnu et sanguin ce soit du suif complètement cuit qui se forme, ainsi que de la graisse. Si donc la formation de l'épiploon a lieu selon ce raisonnement, la nature l'utilise toutefois pour que la nourriture soit bien cuite, de façon à ce que les animaux cuisent la nourriture plus facilement et plus vite : car le chaud fait cuire, le gras est chaud, et l'épiploon est gras. Et la raison pour laquelle il part du milieu de l'estomac, c'est que la partie[1] située après lui, le foie, juste à côté, contribue à la cuisson. Voilà pour l'épiploon.

IV, 4

Quant à ce qu'on appelle le mésentère, c'est une membrane, mais elle s'étend de façon continue du prolongement des intestins jusqu'au **[678a]** grand vaisseau et à l'aorte : elle est pleine[2] de nombreux vaisseaux épais qui vont des intestins au grand vaisseau et à l'aorte. Nous aurons plus loin le loisir de découvrir que sa génération se fait par nécessité, comme pour les autres parties ; mais la raison pour laquelle le mésentère appartient aux sanguins est manifeste lorsqu'on examine la question. Car puisqu'il est nécessaire que les animaux tirent leur nourriture du dehors, et que se forme ensuite à partir d'elle la nourriture ultime qui alimente dès lors la distribution vers les parties (cela n'a pas de nom chez les non-sanguins, mais chez les sanguins on l'appelle sang), il faut qu'il y ait quelque chose à travers quoi la nourriture, un peu comme à travers des racines, puisse faire route vers les vaisseaux à partir de l'estomac. Ainsi, si les plantes ont leurs racines plongées dans la terre (car c'est de là qu'elles tirent leur nourriture), pour les animaux c'est l'estomac et la

---

1. Noter l'emploi du terme μέρος (partie d'une division) au lieu du terme usuel de μόριον (partie constitutive) pour désigner une partie de l'animal. **2.** Il n'y a aucune raison de corriger πλήρης pour en faire un neutre, car le terme repris est celui, masculin, de membrane (ὑμήν).

puissance des intestins qui constituent une terre dont ils doivent tirer leur nourriture. Voilà pourquoi existe la nature du mésentère, qui contient comme des racines les vaisseaux qui la traversent. Donc, ce en vue de quoi le mésentère existe, nous l'avons dit ; mais de quelle manière il extrait la nourriture, et comment ce qui est distribué dans les vaisseaux rejoint ces[1] parties à travers les vaisseaux, à partir de la nourriture ingérée, nous le dirons dans les leçons consacrées à la génération des animaux et à la nutrition[2].

Ainsi, comment sont disposés les animaux sanguins jusqu'aux parties que nous avons expliquées, et pour quelles raisons, nous l'avons dit. Quant aux parties qui servent à la génération, par lesquelles la femelle semble différer du mâle, c'est une question qui suit ce que nous avons dit et qui reste à traiter ; mais puisqu'il faudra parler de la génération, il convient de traiter de ces parties au moment où nous traiterons du principe des phénomènes en question[3].

---

1. Ou « les parties », si on omet le démonstratif ταῦτα avec certains manuscrits. 2. Voir *Génération des animaux* (II, 6). 3. Nous suivons la leçon ἀρχῇ, beaucoup mieux attestée que celle de θεωρίᾳ (« dans l'étude de ces phénomènes »), et qui s'accorde avec le sujet du livre I de la *Génération des animaux* où la distinction du mâle et de la femelle est présentée comme principe de la génération.

3.2 Les parties internes des non-sanguins

IV, 5

Les animaux appelés céphalopodes et crustacés diffèrent beaucoup des précédents : tout d'abord, ils ne possèdent pas toute la nature des viscères, pas plus d'ailleurs que les autres non-sanguins **[30]** (il reste deux genres de non-sanguins, à savoir les testacés et le genre des insectes). En effet, aucune des choses[1] dont est constituée la nature de leurs viscères ne contient de sang, parce que leur essence comprend une certaine propriété relative à celle-ci : car le fait d'être soit sanguins, soit non sanguins, sera présent dans l'énoncé qui définit **[35]** leur essence. De plus, aucune des choses en vue desquelles les animaux sanguins possèdent des viscères n'appartiendra aux animaux qui sont tels : car **[678b]** ils ne possèdent ni vaisseaux, ni vessie, et ils ne respirent pas ; il ne leur est nécessaire que de posséder la partie analogue du cœur. En effet, la partie sensitive de l'âme, c'est-à-dire la cause de la vie, appartient chez tous les animaux à un principe déterminé des parties et du corps.

Les parties relatives à la nutrition, ces animaux aussi les possèdent toutes, par nécessité ; **[5]** mais leur disposition[2] diffère en raison des lieux où ils prennent leur nourriture.

---

1. Nous lisons le relatif pluriel ὧν avec l'ensemble des manuscrits, au lieu du singulier (« rien de ce dont est constituée la nature des viscères… »). **2.** Littéralement : « leurs orientations » (τρόποι).

Les céphalopodes ont deux dents au niveau de ce qu'on appelle la bouche, et dans la bouche, au lieu d'une langue, quelque chose de charnu qui leur permet de discerner la saveur des aliments. Pareillement, les crustacés possèdent les premières dents[1], et ont l'analogue de la langue charnu. En outre, tous les testacés possèdent eux aussi cette sorte de partie, pour la même raison que les sanguins : la sensation de la nourriture. De manière semblable, certains insectes ont une trompe qui sort de la bouche, par exemple le genre des abeilles et celui des mouches, comme nous l'avons dit plus haut ; ceux qui n'ont pas de dard à l'avant, ont dans la bouche la partie de cette sorte, comme c'est le cas du genre des fourmis et de leurs semblables. Certains de ces animaux possèdent des dents, quoique assez différentes d'un genre à l'autre, ainsi les fourmis[2] et les abeilles, et d'autres n'en possèdent pas, tous ceux qui se nourrissent de liquide : car beaucoup d'insectes ont des dents, non pour se nourrir, mais pour combattre. Parmi les testacés, certains, comme nous l'avons dit dans les leçons initiales[3], ont une « langue » vigoureuse, tandis que les bigorneaux[4] ont précisément deux dents, comme les crustacés.

---

1. Qui correspondent aux incisives de l'homme. 2. Nous adoptons la correction de Meyer : μυρμήκων au lieu de μυῶν (« les mouches »). 3. Aristote se réfère ici probablement à l'*Histoire des animaux* (IV, 4, 528b 29). 4. Les κόχλοι, qui peuvent aussi être des bulots.

3.21 Le système digestif

3.211 Chez les céphalopodes

[25] Les céphalopodes ont après la bouche un long œsophage, auquel fait suite un jabot comme celui des oiseaux[1], puis, en continuité, un estomac, et à sa suite un intestin simple qui s'étend jusqu'à la sortie. Or si, chez les seiches et les poulpes, les parties situées autour de l'estomac sont semblables d'aspect[2] aussi bien qu'au toucher, en revanche [30] les animaux appelés calmars ont bien eux aussi deux réceptacles en forme d'estomac, mais le second ressemble moins à un jabot, et ils ont un aspect différent des précédents du fait que l'ensemble de leur corps est constitué d'une chair plus molle. Ils ont ces parties ainsi disposées pour une raison identique aux oiseaux : car il n'est pas possible non plus à un oiseau de broyer la nourriture, et c'est pourquoi [35] le jabot existe en avant de l'estomac.

C'est pour la défense et la sauvegarde que ces animaux possèdent ce qu'on appelle l'encre[3], [679a] qui se fixe dans un manteau membraneux dont la sortie et limite se trouve à l'endroit où ils rejettent le surplus de l'estomac, au niveau de ce qu'on appelle l'entonnoir : ce dernier est situé dans les parties de dessous. Si tous les céphalopodes possèdent cette partie qui leur est propre, [5] c'est surtout la seiche qui la possède, en la quantité la plus grande. Car

---

1. L'ordre n'est pas le même que plus bas, en 679b 9, où l'œsophage (στόμαχος) est situé après le jabot. 2. Le terme grec est σχῆμα (forme au sens visuel). 3. Le θολός.

lorsqu'ils sont effrayés et ont peur, ils font une sorte de rempart au-devant de leur corps avec ce liquide sombre et sale. Les calmars et les poulpes ont leur encre plutôt en haut au niveau du foie[1], tandis que la seiche l'a en bas contre l'estomac : en effet, elle en possède plus, parce qu'elle s'en sert davantage. Cela vient du fait qu'elle mène une vie côtière et ne possède pas d'autre moyen de défense comme le poulpe qui tire un avantage de ses tentacules et du changement de couleur qui se produit chez lui, tout comme l'émission d'encre, sous l'effet de la peur. Le calmar est le seul de ces animaux à vivre en haute mer. Or si la seiche possède une plus grande quantité d'encre en comparaison de ceux-ci[2], elle l'a toutefois en bas, du fait qu'elle en possède plus : car il est plus facile de projeter de loin, d'une plus grande distance. L'encre se forme de la même façon que le résidu terreux qui, chez les oiseaux, recouvre de blanc leur surplus. C'est ainsi qu'ils produisent de l'encre, parce qu'eux non plus ne possèdent pas de vessie : car l'élément le plus terreux est sécrété pour la former, et en la quantité la plus grande chez la seiche parce qu'elle possède le plus de terreux. Un signe en est l'os de seiche, qui est justement de cette sorte : car le poulpe ne possède pas cet os, et les calmars en ont un cartilagineux et mince ; pour quelle raison les uns n'en possèdent pas alors que les

1. Le terme grec est μύτις, et non ἧπαρ. 2. L'hésitation des manuscrits entre un accusatif singulier (παρὰ τοῦτο) et un génitif pluriel (παρὰ τούτων, branche b ainsi que ZΔ), masque peut-être un duel initial au cas direct (παρὰ τούτω).

autres en ont un, et de quelle sorte est celui que chacun possède, nous l'avons dit[1]. [25] Comme ils sont non sanguins, donc refroidis et craintifs, c'est par nécessité, comme pour ceux chez qui la peur provoque un trouble de l'estomac ou un écoulement du surplus produit par la vessie, que la peur leur fait rejeter ce surplus, comme chez ceux qui urinent par la vessie, sauf que la nature [30] utilise en même temps cette sorte de surplus pour leur défense et leur sauvegarde.

3.212 Chez les crustacés

Les crustacés, aussi bien les animaux de la famille des langoustes que les crabes, ont eux aussi deux dents – les premières – avec dans l'intervalle la chair en forme de langue, comme nous l'avons dit plus haut, et à la suite immédiate de la bouche un petit œsophage, proportionné à la taille [35] de leurs corps, selon qu'ils sont plus ou moins grands ; mais après cela, ils ont un estomac sur lequel les langoustes et certains crabes possèdent d'autres dents, du fait que celles du haut ne divisent pas suffisamment, et, partant de l'estomac, un intestin simple qui s'étend en ligne droite jusqu'à la [679b] sortie du surplus.

3.213 Chez les testacés

Tous les testacés ont aussi ces parties, plus ou moins distinctes[2] selon les cas. Chez ceux de taille supérieure, elles sont toutes assez reconnaissables. Les bigorneaux [5] possèdent aussi des dents dures

1. II, 8 (654a 19). 2. Littéralement : « articulées ».

et acérées, comme nous l'avons dit plus haut, avec une partie charnue au milieu comme chez les céphalopodes et les crustacés, et une trompe qui tient à la fois du dard et de la langue, comme nous l'avons indiqué ; mais à la suite de la bouche, ils ont une sorte de jabot d'oiseau, puis un œsophage ; un estomac lui fait suite, dans lequel se trouve ce qu'on appelle le « pavot[1] » [dans la continuité duquel se trouve un intestin, qui part uniquement du « pavot »][2] : car chez tous les testacés, le surplus est ce qui passe pour le plus comestible. Les autres turbinés présentent une disposition semblable au bigorneau, par exemple les pourpres et les buccins.

Il existe de nombreux genres et espèces de testacés : les uns sont en forme de spirale[3], comme ceux que nous venons de citer, d'autres sont bivalves, d'autres encore, univalves. D'une certaine manière, les turbinés ressemblent à des bivalves : car tous les animaux de cette sorte possèdent dès la naissance des opercules au niveau de la partie apparente de leur chair, comme c'est le cas des pourpres, des buccins, des tritons et de tout ce genre, pour se défendre. Car l'endroit où la coquille ne fait pas obstacle permet aux corps étrangers[4] de les endommager plus facilement. Or, les univalves, du fait qu'ils s'attachent, se protègent en plaçant leur coquille sur le dessus, et ils deviennent, par un rempart étranger, une

1. Sans doute l'hépatopancréas. 2. Cette fin de phrase ne se trouve que dans certains manuscrits de la branche a (ΡΠΔ). 3. Le terme στρομβώδη sera traduit plus loin par le substantif « turbinés ». 4. Littéralement : « à ce qui fait irruption ».

sorte de bivalve, [25] comme c'est le cas de ceux qu'on appelle les patelles ; quant aux bivalves, par exemple les pétoncles et les moules, c'est en se refermant qu'ils se protègent, tandis que les turbinés le font grâce à l'opercule, comme s'ils passaient d'univalves à bivalves.

C'est l'oursin qui possède la meilleure protection : car sa coquille circulaire est recouverte et barricadée d'aiguilles. [30] Parmi les testacés, cela lui est propre, comme nous l'avons dit plus haut. La nature des crustacés et des testacés est constituée à l'inverse de celle des céphalopodes : alors que ces derniers ont le charnu à l'extérieur, les précédents l'ont à l'intérieur et le terreux à l'extérieur. Mais l'oursin ne possède aucune partie charnue. Or, [35] comme nous l'avons dit, tous les autres testacés possèdent une bouche, une partie en forme de langue, ainsi que l'estomac et la sortie du surplus ; ils diffèrent seulement par la position et la taille de ces parties. **[680a]** La disposition de chacun de ces animaux est à étudier à partir de l'*Histoire des animaux*[1] et des *Planches anatomiques* : car elles doivent apporter davantage de précisions, les unes par le discours, les autres pour ce qui est de les voir.

Parmi les testacés, les oursins et [5] le genre de ce qu'on appelle les ascidies sont disposés de façon propre. Les oursins possèdent cinq dents avec dans l'intervalle la partie charnue, comme tous ceux dont nous avons parlé, suivie d'un œsophage, et à partir de là l'estomac divisé en plusieurs parties, comme si

1. Livre IV, chapitres 1 à 5.

l'animal en question possédait plusieurs estomacs. Ces parties d'estomac sont séparées et remplies de surplus, mais partent d'un seul point, à savoir l'œsophage, pour aboutir à une seule sortie, celle du surplus. À part l'estomac, ils ne possèdent aucune partie charnue, comme nous l'avons dit. Ils ont ce qu'on appelle des œufs (ils en ont plusieurs, isolés chacun dans une membrane), et ils ont aussi, en cercle autour de la bouche, certaines taches sombres dispersées pêle-mêle, qui n'ont pas reçu de nom. Étant donné qu'il y a plusieurs genres (car il n'y a pas une espèce unique pour tous les oursins), tous possèdent bien ces parties mais tous n'ont pas des « œufs » comestibles, et ces derniers sont tout petits, sauf chez ceux qui flottent. De façon générale, ce phénomène concerne aussi les autres testacés : de fait, leurs chairs ne sont pas également comestibles, et leur surplus, qu'on appelle le pavot[1], est comestible chez certains, non chez d'autres. Chez les turbinés, il est situé dans l'enroulement, chez les univalves au fond de la coquille (par exemple chez les patelles), et chez les bivalves, du côté de la charnière.

Ce qu'on appelle l'œuf se trouve dans les parties droites, et c'est de l'autre côté que se trouve chez les bivalves la sortie du surplus. La dénomination « œuf » est incorrecte : car cette chose est un peu comme le gras chez les sanguins qui profitent. C'est pourquoi elle se produit aux moments de l'année où ils profitent, printemps et automne. Car tous les testacés souffrent des changements de

1. Sans doute l'hépatopancréas.

température, et ils ne peuvent pas supporter les excès. Un signe en est ce qui arrive aux oursins : car ils possèdent des œufs dès la naissance et plutôt pendant la pleine lune, non parce qu'ils se nourrissent plus, comme se le figurent certains, mais parce que les nuits sont plus douces à cause de la lumière de la lune. Car étant froids parce que non sanguins, ils ont besoin de réchauffement. Aussi est-ce plutôt l'été qu'ils prospèrent partout, sauf ceux du détroit de Pyrrha : ceux-là ne prospèrent pas moins **[680b]** en hiver. La cause en est que c'est plutôt à ce moment-là qu'ils sont bien pourvus en pâture, les poissons quittant les lieux en cette saison.

Tous les oursins ont le même nombre d'œufs, un nombre impair : ils en ont cinq[1], soit la même quantité que leurs dents et leurs estomacs. La cause en est que l'œuf, comme nous l'avons dit, représente chez eux non pas un œuf mais l'embonpoint de l'animal. Cet œuf ainsi nommé n'existe chez les huîtres que d'un seul côté. Il est identique à celui qui se trouve chez les oursins. Or, puisque l'oursin est de forme sphérique et que son corps ne décrit pas un cercle unique comme c'est le cas de ces autres testacés que sont les huîtres, et que l'oursin n'est pas différent selon les directions mais semblable partout (car il est sphérique), il est nécessaire que l'œuf aussi présente la même disposition. Car sa forme circulaire ne présente pas d'irrégularité comme c'est le cas chez les autres. En effet, ils ont tous la tête au milieu, et

1. Nous suivons la leçon de Π, seul manuscrit à ne pas répéter πάντες (« ils en ont tous cinq »).

c'est le haut qui représente cette partie. Mais [15] il n'est pas non plus possible que l'œuf soit continu, car cela ne l'est pas non plus chez les autres : il ne peut être que dans l'autre moitié du cercle. Il est donc nécessaire, puisque cette partie est commune à tous, mais que la forme sphérique est propre à celui-là, que les œufs ne soient pas en nombre pair. Car alors l'animal serait symétrique, du fait qu'il faudrait que les deux moitiés soient disposées de manière semblable, [20] s'ils étaient en nombre pair et en diagonale. S'il en était ainsi, ils auraient des œufs sur les deux moitiés du cercle. Or cela ne saurait être, même pas chez ces autres testacés que sont les huîtres. C'est en effet sur l'autre moitié de la circonférence que les huîtres et les pétoncles possèdent la partie de cette sorte. Il est donc nécessaire qu'il y en ait trois ou cinq, ou un autre nombre impair. [25] Or s'ils étaient trois, ils seraient trop éloignés, et s'ils étaient cinq, ils se toucheraient. Parmi ces choses, l'une n'est pas particulièrement bonne, et l'autre impossible. Il est donc nécessaire qu'ils aient cinq œufs.

C'est pour la même raison que leur estomac est divisé comme il l'est, et qu'ils ont cette quantité de dents. Car comme chacun des œufs [30] est une sorte de corps pour l'animal, ils doivent être conformes au mode de vie de l'animal : car c'est de là qu'il tire sa croissance. Car avec un seul estomac, ou bien les œufs seraient trop éloignés, ou bien l'estomac remplirait toute la cavité[1], de sorte que l'oursin serait difficilement mobile et que le vase de nourriture ne

1. Même terme (κύτος) que pour le manteau des poulpes.

serait pas rempli ; or les intervalles étant au nombre de cinq, il est nécessaire que l'estomac, se trouvant contre chacun d'eux, se divise en cinq directions.

C'est pour la même raison qu'ils ont cette quantité de dents. Car cela permettait à la nature de rendre la pareille aux **[681a]** parties que nous avons mentionnées.

Ainsi, pourquoi l'oursin a ce nombre impair d'œufs, nous l'avons dit ; quant à savoir pourquoi certains en ont des tout petits, d'autres des grands, la cause en est que les seconds sont plus chauds de nature : car le chaud peut davantage cuire la nourriture, et c'est pourquoi ceux qui sont immangeables sont, plus que les autres, pleins de surplus. Et la chaleur de leur nature les prépare à être plus mobiles, de sorte qu'ils peuvent paître et ne pas rester sédentaires. Un signe en est que ceux de cette sorte ont toujours quelque chose sur leurs aiguilles, attendu qu'ils bougent beaucoup : car ils utilisent leurs aiguilles comme des pieds.

Les ascidies ont une nature peu différente des plantes, mais elles sont toutefois plus vivaces que les éponges : ces dernières, en effet, possèdent tout à fait une puissance de plante. Car la nature effectue une transition continue de l'inanimé à l'animal en passant par des vivants qui ne sont pas des animaux, si bien que les différences paraissent tout à fait minimes puisqu'ils sont très approchants. Or l'éponge, comme nous l'avons dit, précisément parce qu'elle ne vit que fixée et ne vit plus une fois détachée, est disposée d'une façon entièrement semblable aux plantes ; mais ce qu'on appelle les holothuries, ainsi que les méduses (comme d'autres animaux de cette sorte dans la mer), diffèrent peu des précédentes bien qu'elles soient détachées : car elles ne possèdent aucune sensation, et vivent comme si elles étaient des plantes détachées. Même parmi les plantes terrestres, il y en a certaines de cette sorte, celles qui vivent et naissent, soit dans d'autres plantes, soit justement détachées, comme c'est le cas de ce que certains appellent l'épipétron du Parnasse, plante qui peut vivre longtemps suspendue en haut d'un piquet. Il y a des cas où les ascidies, comme tout autre organisme de même genre, parce qu'elle ne vivent qu'attachées, sont identiques à des plantes ; pourtant, parce qu'elles ont une partie charnue, on pourrait penser qu'elles possèdent quelque sensation ; on ne voit pas clairement de quelle façon il faut les classer. Cet animal possède deux conduits et une unique fente qui lui permet à la fois de recevoir l'humidité qui lui sert à se nourrir et d'évacuer ensuite l'exhalaison restante : car il est clair qu'il ne possède aucun surplus, à la différence des testacés. Aussi est-ce surtout les animaux de cette sorte qu'on peut à juste titre qualifier de végétaux : car les plantes non plus ne possèdent pas de surplus. Au milieu se trouve un mince diaphragme, dans lequel il est conforme à la raison que se trouve la partie maîtresse de la vie.

Les vivants que certains appellent orties de mer[1], et d'autres, actinies[2], **[681b]** ne sont pas des testacés, mais tombent en dehors des genres distingués : ils possèdent une nature intermédiaire entre la plante et

1. Le terme est κνίδαι. 2. Le terme est ἀκαλήφαι.

l'animal. En effet, comme certaines d'entre elles se détachent et se jettent sur la nourriture, ce sont des animaux, d'autant qu'elles perçoivent les obstacles. De plus, elles utilisent aussi la rugosité de leur corps pour se protéger. Mais parce qu'elles sont inachevées et se fixent rapidement aux roches, elles sont très proches du genre des plantes, et aussi parce qu'elles ne possèdent manifestement aucun surplus tout en ayant une bouche. Le genre des étoiles de mer est semblable au précédent (car elles vident beaucoup d'huîtres en se jetant sur elles) et à ceux qui, parmi les animaux dont nous avons parlé plus haut, vivent détachés, par exemple les céphalopodes et les crustacés. Le même argument s'applique aussi aux testacés.

Ainsi les parties relatives à la nutrition, qu'il est nécessaire à tous de posséder, les non-sanguins les possèdent de la manière indiquée plus haut, mais il faut – c'est clair – qu'ils possèdent une partie analogue à ce qu'ont les sanguins au niveau de la partie maîtresse des sensations : car cela doit appartenir à tous les animaux.

3.22 Les parties sensitives

3.221 Chez les céphalopodes

Chez les céphalopodes c'est une partie humide située dans une membrane, et à travers laquelle l'œsophage s'étend vers l'estomac ; c'est fixé plutôt aux parties du dessus, et certains l'appellent foie[1]. Une autre chose de cette sorte existe aussi chez

---

1. Le terme est μύτις.

les crustacés, également appelée foie[1]. Cette partie est humide et en même temps solide, et, comme nous l'avons dit, l'œsophage s'étend à travers elle, en son milieu. Car s'il se trouvait entre cette partie et le dessus, il ne pourrait pas aussi bien **[25]** se dilater à l'arrivée de la nourriture, à cause de la dureté du dos. L'intestin est situé sur le foie, à l'extérieur, et l'encre, contre l'intestin, de façon à ce qu'elle soit le plus possible éloignée de l'entrée et que le répugnant soit loin de ce qui est meilleur, le principe. Que cette partie soit l'analogue du cœur, son emplacement le montre **[30]** (car c'est le même), ainsi que la douceur du liquide qu'elle contient, qui donne l'impression d'être cuit comme du sang.

3.222 Chez les testacés

Chez les testacés, l'essentiel de la sensation est disposé de la même manière mais c'est moins évident. À ceci près qu'il faut chercher le principe en question toujours vers le milieu : chez les animaux fixes, au milieu de la partie qui reçoit **[35]** la nourriture et à travers laquelle ils sécrètent la semence et le surplus, et chez **[682a]** ceux qui se déplacent, précisément, toujours au milieu entre droite et gauche.

3.223 Chez les insectes

Chez les insectes, la partie correspondant au principe de cette sorte, comme nous l'avons dit dans les premières leçons[2], se trouve entre la tête et la cavité

1. Cette phrase est absente de Z et Δ. 2. Voir *Histoire des animaux* (IV, 7).

qui entoure l'estomac. Chez la plupart, cette partie est unique, mais chez d'autres, multiple, comme c'est le cas pour les insectes de la famille des iules[1] et pour ceux qui sont longs : c'est pourquoi ils survivent à leur division. Car la nature tend chez tous à faire une seule chose de la partie qui est telle : ainsi, lorsqu'elle le peut, elle en produit une seule, et à défaut, plusieurs[2]. Mais ce n'est pas également clair chez tous.

3.224 Remarque complémentaire : les parties nutritives des insectes

Les parties qui servent à la nutrition ne sont pas disposées chez tous de manière semblable, mais présentent une importante différence. Car c'est à l'intérieur de la bouche que certains ont ce qu'on appelle un dard, qui est comme composé, comme s'il possédait la puissance d'une langue et de lèvres en même temps. Ceux en revanche qui n'ont pas de dard à l'avant ont à l'intérieur des dents un organe sensoriel de cette sorte. À la suite se trouve chez tous un intestin qui est droit et simple jusqu'à la sortie du surplus ; mais chez certains cette partie présente un enroulement. D'autres ont un estomac après la bouche, et à partir de l'estomac un intestin enroulé, de façon à ce que ceux qui sont plus voraces et plus

---

1. Les myriapodes. **2.** En suivant le texte des manuscrits : καὶ δυναμένη μὲν ποιεῖ μόνον ἕν, οὐ δυναμένη δὲ πλείω, au lieu du texte minoritaire (P et Π) ou corrigé, qui donne : « lorsqu'elle ne le peut pas, elle n'en produit qu'un seul en acte, et plusieurs en puissance ».

grands de nature aient un réceptacle pour plus de nourriture.

C'est le genre des cigales qui, de tous ceux-ci, possède la nature la plus particulière : car [20] la même partie contient une bouche et une langue en un développement commun ; c'est par elle que, comme par une racine, elles reçoivent la nourriture issue des liquides. Or si tous les animaux divisés en sections se nourrissent peu, moins à cause de leur petitesse que de leur froideur (car le chaud a besoin de nourriture et la cuit rapidement, tandis que le froid [25] ne se nourrit pas), c'est surtout le cas du genre des cigales. Car l'humidité résiduelle du souffle[1] constitue une nourriture suffisante pour le corps, comme c'est le cas pour les animaux éphémères (lesquels naissent au bord du Pont), à ceci près que ceux-là vivent une seule journée, tandis que les précédentes vivent plusieurs jours, ce qui reste peu.

[30] Maintenant que nous en avons fini avec les parties internes des animaux, il faut revenir aux parties externes, à celles qui restent. Il faut partir des animaux dont nous venons de parler, et non de ceux que nous avions laissés de côté, de façon à ce que notre traité, partant de ces animaux qui présentent moins d'intérêt, puisse s'attarder davantage sur les animaux achevés et sanguins.

1. Leçon minoritaire (P et Π), mais qui évite la répétition de « corps ».

4. Les parties externes des non-sanguins

4.1 Chez les insectes

IV, 6

[35] Si les insectes n'ont pas un grand nombre de parties, ils présentent néanmoins des différences, y compris les uns par rapport aux autres. Car ils sont tous à pattes multiples, parce que, compte tenu de la lenteur et [682b] du refroidissement de leur nature, être à pattes multiples leur facilite le mouvement ; et ceux qui sont le plus refroidis à cause de leur longueur, ont le plus de pattes, par exemple le genre des iules. De plus, c'est parce qu'ils possèdent plusieurs principes qu'ils ont des sections [5] et plusieurs pattes à leur niveau. Quant à ceux qui possèdent moins de pattes, ils volent, en compensation de leur défaut de pattes. Parmi ceux qui volent, ceux qui ont une vie nomade et qui doivent migrer pour leur subsistance, ont quatre ailes et une masse corporelle légère, par exemple [10] les abeilles et les animaux de même famille : elles ont en effet deux ailes de chaque côté du corps. Quant à ceux d'entre eux qui sont petits, ils sont diptères, comme c'est le cas du genre des mouches. Ceux qui sont courts et mènent une vie sédentaire ont plusieurs ailes comme les abeilles, mais possèdent des élytres aux ailes, par exemple les hannetons [15] et les insectes de même sorte, de façon à ce qu'ils protègent la puissance de leurs ailes. Car ceux qui sont sédentaires ont des ailes plus

facilement destructibles que ceux qui bougent beaucoup, et c'est pourquoi ils possèdent une protection au-devant d'elles. Et l'aile de ces insectes est indivise et sans tube : car ce n'est pas une plume mais une membrane faite de peau qui, à cause de sa sécheresse, se détache par nécessité de leur corps lorsque la partie charnue se refroidit.

Ils sont divisés en sections[1] à la fois pour les raisons susdites et pour que leur impassibilité les protège lorsqu'ils se replient sur eux-mêmes : car ceux d'entre eux qui présentent de la longueur s'enroulent sur eux-mêmes, ce qu'ils ne sauraient faire s'ils n'étaient divisés en sections. Ceux d'entre eux qui ne peuvent pas s'enrouler se raidissent davantage en se resserrant vers les coupures. Ce fait apparaît clairement lorsqu'on les touche, par exemple chez ceux qu'on appelle les scarabées : car lorsqu'ils ont peur ils s'immobilisent et leur corps devient dur. Il leur est nécessaire d'être divisés en sections : car le fait de posséder plusieurs principes est dans leur essence, en quoi ils ressemblent aux plantes. Car comme les plantes, ils peuvent survivre à leur division, à ceci près qu'ils le peuvent jusqu'à un certain point, tandis que les précédentes atteignent l'achèvement de leur nature lorsqu'une seule en donne deux ou même plusieurs.

Certains insectes possèdent aussi des dards pour se défendre des dommages. Le dard se trouve à l'avant chez les uns, à l'arrière chez les autres :

---

1. En prenant le terme ἔντομα au sens propre. Traduction plus faible : « ce sont des insectes ».

au niveau de la langue chez ceux qui l'ont à l'avant, au niveau de la queue chez les autres. De même en effet que chez les éléphants l'organe sensoriel des odeurs s'avère utile à la fois pour le **[683a]** combat et pour l'usage de la nourriture, ainsi en est-il chez certains insectes de la partie placée au niveau de la langue : car c'est par cette partie qu'ils perçoivent la nourriture, la saisissent et l'amènent à eux. Quant à ceux d'entre eux qui n'ont pas de dard à l'avant, ils possèdent des dents, les uns pour manger, les autres pour saisir et amener la nourriture, par exemple les fourmis et le genre complet des abeilles. Ceux qui ont un dard à l'arrière, du fait qu'ils ont de l'ardeur, possèdent le dard comme une arme. Certains ont des dards internes, comme c'est le cas des abeilles et des guêpes, parce qu'elles volent. Car minces et externes, ils seraient facilement destructibles ; et s'ils étaient saillants comme chez les scorpions, ils apporteraient un poids ; il est nécessaire aux scorpions, qui vivent au sol et possèdent une queue, d'avoir leur dard fixé sur celle-ci, faute de quoi il ne leur serait d'aucune utilité pour le combat.

Aucun diptère n'a de dard à l'arrière. Car c'est parce qu'ils sont faibles et petits qu'ils sont diptères : pour s'élever, les petits insectes peuvent se contenter de moins d'ailes. C'est pour la même raison que ces insectes ont le dard à l'avant : car comme ils sont faibles, ils peuvent difficilement frapper avec leurs parties de devant. Les polyptères, du fait qu'ils sont plus grands de nature, ont obtenu des ailes plus nombreuses et sont forts des parties de derrière. Il est meilleur, lorsque c'est possible, de ne pas posséder le même instrument pour des usages dissemblables, mais d'avoir celui qui sert à se défendre très acéré, et celui qui sert de langue spongieux et propre à aspirer la nourriture. Car là où il est possible d'en utiliser deux pour deux fonctions sans que l'un fasse obstacle à l'autre, la nature n'a pas coutume d'en produire un seul comme la ferronnerie produit des lampes-broches pour faire des économies. Cependant, lorsque ce n'est pas possible, elle utilise la même partie pour plusieurs fonctions.

Certains insectes ont les pattes antérieures plus grandes de façon à ce que, comme ils n'ont pas la vue fine à cause de leurs yeux durs, ils puissent se débarrasser des projections au moyen de leurs pattes avant, ce que semblent faire à la fois les mouches et ceux de la famille des abeilles : car ils sont toujours en train de se barricader avec leurs pattes antérieures. Les pattes postérieures sont plus grandes que celles du milieu, à la fois à cause de la marche et pour que ces animaux puissent s'élever plus facilement de terre lorsqu'ils s'envolent. Quant à ceux d'entre eux qui sautent, ce fait est encore plus manifeste, par exemple pour les sauterelles et le genre des puces : car lorsque après les avoir fléchies elles les étendent à nouveau, nécessairement elles s'élèvent de terre. Ce n'est pas à l'avant, mais seulement à l'arrière, que les sauterelles possèdent les pattes en forme de gouvernail. **[683b]** Car il est nécessaire que la flexion se referme vers l'intérieur, et parmi les membres antérieurs il n'y en a aucun qui le permette. Les animaux de cette sorte ont tous six pattes en comptant celles qui servent à sauter.

4.2 Chez les testacés

IV, 7

Les testacés n'ont pas un corps formé de plusieurs parties. [5] La cause en est que leur nature est fixe. Il est en effet nécessaire que les animaux mobiles aient plus de parties, du fait qu'ils effectuent des actions : car ceux qui prennent part à plus de mouvements ont besoin de plus d'instruments. Or certains d'entre eux sont tout à fait immobiles, tandis que d'autres prennent part à un faible mouvement ; mais la nature [10] a placé autour d'eux pour leur sauvegarde la dureté des coquilles. Parmi eux, il y a les univalves, les bivalves et les turbinés, comme nous l'avons dit plus haut. Et parmi ces derniers, il y a ceux qui possèdent un enroulement, par exemple les buccins, et ceux qui sont seulement en forme de sphère, comme le genre des oursins. Et parmi les bivalves, les uns [15] peuvent se déplier, par exemple les pétoncles et les moules (car ces animaux sont fermés d'un côté[1]), tandis que les autres sont réunis des deux côtés, par exemple le genre des couteaux.

Tous les testacés, de la même façon que les plantes, ont la tête en bas. La cause en est qu'ils tirent leur nourriture d'en bas, [20] comme les plantes avec leurs racines. Ils ont par conséquent le bas en haut, et le haut en bas. Ils se trouvent dans une membrane à travers laquelle passent leur breuvage et la nourriture

---

1. Les manuscrits P et Π ajoutent ici la remarque : « de sorte qu'ils peuvent s'ouvrir et se refermer de l'autre ».

qu'ils prennent. Tous possèdent une tête, mais les parties du corps autres que celle qui reçoit la nourriture n'ont pas reçu de nom.

4.3 Chez les crustacés

IV, 8

[25] Les crustacés sont tous des animaux qui marchent, et c'est pourquoi ils possèdent beaucoup de pattes. Chez eux, les genres les plus grands sont quatre : ce qu'on appelle les langoustes, les homards, les crevettes et les crabes. Pour chacun de ceux-là, il existe plusieurs espèces qui diffèrent par la configuration mais [30] beaucoup aussi par la taille : car certains d'entre eux sont grands, d'autres tout petits.

Ceux de la famille des crabes et de celle des langoustes sont presque semblables en ce qu'ils possèdent des pinces, les uns comme les autres. Ils n'ont pas ces pinces en vue de la marche mais pour saisir et retenir, à la place de mains. C'est pourquoi ils les fléchissent de façon contraire aux pattes : car [35] ils fléchissent et enroulent leurs pattes vers le creux, mais les pinces vers la circonférence. C'est ainsi qu'elles sont utiles pour apporter la [684a] nourriture une fois saisie. Mais ils diffèrent en ce que les langoustes ont une queue, mais pas les crabes. Car la queue est utile aux premières du fait qu'elles nagent (elles nagent en s'appuyant sur leur queue comme sur des palmes), alors qu'aux crabes elle n'est d'aucune utilité [5], du fait qu'ils vivent sur les côtes et sont troglodytes. Quant à ceux d'entre eux qui vivent en haute mer, ils ont pour cette raison des pattes beaucoup moins agiles pour la marche, comme c'est le cas des araignées de mer et de ce qu'on appelle les crabes d'Hérakleia, parce qu'ils recourent peu au mouvement ; en fait, ils doivent leur salut au fait qu'ils sont en forme d'huîtres : c'est pourquoi les araignées de mer ont de fines pattes, et les crabes d'Hérakleia, de petites. Quant aux tout petits crabes qu'on prend avec le menu fretin, ils ont de larges pattes terminales pour l'utilité de la nage, puisque les pattes sont pour eux comme des nageoires ou des palmes.

Les crevettes diffèrent de la famille des crabes parce qu'elles possèdent une queue, et de la famille des langoustes parce qu'elles n'ont pas de pinces ; elles n'en possèdent pas, du fait qu'elles ont plus de pattes : car c'est ici qu'a été dépensée la croissance de là-bas. Elles possèdent de multiples pattes parce qu'elles ne sont pas plus nageuses que marcheuses. Les parties qui se trouvent au-dessous du corps et autour de la tête, certaines les ont en forme de branchies pour recevoir l'eau et la rejeter.

Les langoustes femelles ont les parties du bas plus aplaties que les mâles, et les crabes femelles ont celles qui se trouvent dans l'enveloppe plus velues que les mâles, du fait qu'elles y étendent leurs œufs, et non au loin comme le font les poissons et les autres animaux qui enfantent : car étant plus larges, elles possèdent un espace d'autant plus grand pour les œufs.

Les langoustes et les crabes ont tous la pince droite plus grande et plus forte : car tous les animaux font naturellement plus de choses avec leurs parties droites, et la nature donne toujours chaque partie à ceux qui sont capables de l'utiliser, à eux seuls ou [30] de préférence, comme c'est le cas des défenses, des dents, des cornes, des ergots et de toutes les parties de cette sorte qui servent à la défense et à l'attaque. Seuls les homards ont indifféremment une pince plus grande, aussi bien femelles que mâles. La cause du fait qu'ils possèdent des pinces, c'est qu'ils appartiennent au genre qui possède [35] des pinces, mais cette partie est disposée chez eux de façon irrégulière parce qu'ils sont mutilés et **[684b]** utilisent leurs pinces, non pour leur fonction naturelle, mais pour marcher. Cela dit, quelle est la position de chacune des parties, quelles différences elles présentent, et notamment en quoi les mâles diffèrent des femelles, c'est à étudier à partir des *Planches anatomiques* et de [5] l'*Histoire des animaux*[1].

4.4 Chez les céphalopodes

IV, 9

Nous avons parlé plus haut des parties internes des céphalopodes, comme aussi des autres animaux ; pour ce qui est de l'extérieur, la cavité[2] de leur corps ne présente pas de divisions[3], et à l'avant de celle-ci

---

1. Livre IV, chapitres 2-3. 2. Aristote emploie le terme κύτος aussi bien pour le manteau des céphalopodes que pour le tronc des vivipares quadrupèdes. 3. C'est ainsi que nous rendons ἀδιόριστον, qui peut aussi signifier « pas distincte du reste » (voir, par exemple, 686a 1).

ils ont des pieds autour de la tête, en retrait par rapport aux yeux et [10] autour de la bouche et des dents. Or si les autres animaux qui possèdent des pieds les ont soit à l'avant et à l'arrière, soit sur le côté, comme les non-sanguins à pieds multiples, ce genre présente une disposition particulière : car ils ont l'ensemble de leurs pieds sur ce qu'on appelle le devant. La cause en est que [15] chez eux l'arrière est réuni au devant, comme chez les testacés turbinés. Car, de façon générale, les testacés sont disposés en partie comme des crustacés, en partie comme des céphalopodes : dans la mesure où ils ont le terreux à l'extérieur et le charnu à l'intérieur, ils le sont comme des crustacés, mais pour ce qui est de la figure de leur corps, ils le sont comme des céphalopodes, [20] ce qui d'une certaine manière est le cas de tous, mais surtout des turbinés qui possèdent un enroulement. Car si on y réfléchit, la nature des uns et des autres est disposée comme sur une droite, comme pour les animaux quadrupèdes et les hommes : d'abord, à l'extrémité du haut, ils ont une espèce de bouche au point A de la droite, [25] ensuite B l'œsophage, et C l'estomac ; et à partir de l'intestin jusqu'à la sortie du surplus, c'est là que se trouve D. C'est ainsi que sont disposés les animaux sanguins, et autour de cet axe se trouvent la tête et ce qu'on appelle le tronc. Quant au reste des parties, [30] la nature les a ajoutées à la fois pour ces dernières et pour servir au mouvement, comme c'est le cas des membres antérieurs et de ceux de derrière. Aussi bien chez les crustacés que chez les insectes, l'orientation droite des parties intérieures tend assurément à présenter la même disposition, et c'est selon les services externes liés au mouvement qu'il y a des différences par rapport aux sanguins.

Les céphalopodes et les testacés turbinés **[35]** présentent entre eux une disposition voisine, mais **[685a]** inverse par rapport aux précédents. Car la terminaison est courbée vers l'origine, comme si on avait courbé la droite sur laquelle se trouve E pour amener D vers A. Car les parties intérieures étant en réalité disposées ainsi, la cavité, qu'on appelle **[5]** tête uniquement chez les poulpes, entoure les céphalopodes, tandis que chez les testacés la partie qui est telle représente la turbine[1]. Ils ne diffèrent que par le fait que la partie qui entoure les uns est molle, tandis que chez les autres la nature a placé autour du charnu une partie dure, de façon à ce qu'ils soient protégés, à cause de leur difficulté à se mouvoir : et c'est pour cette raison que, chez les céphalopodes **[10]** comme chez les turbinés, le surplus sort autour de la bouche, à ceci près que chez les céphalopodes il sort en bas, et chez les autres, sur le côté.

C'est donc pour cette raison que les céphalopodes ont leurs pieds disposés de cette manière, et de façon contraire par rapport aux autres ; mais les seiches et les calmars ne présentent pas la même disposition que les poulpes **[15]** du fait qu'ils sont seulement nageurs alors que ces derniers sont aussi marcheurs. Car les premiers ont les pieds du haut petits, dont deux un peu plus grands, et les deux du bas qui restent des huit, plus grands que tous les autres. De

1. Ou cylindre (στρόμβος).

même en effet que chez les quadrupèdes les membres postérieurs sont plus vigoureux (car ce sont eux qui portent le fardeau et qui se meuvent le plus[1]), chez ceux-ci ce sont les pieds du bas qui sont les plus grands, [20] et les deux derniers sont plus grands que ceux du milieu parce qu'ils sont au service de ceux-là. Quant au poulpe, ses plus grands pieds sont les quatre du milieu.

Si tous ces animaux possèdent huit pieds, les seiches et les calmars en ont de courts tandis que ceux de la famille des poulpes en ont de grands. Car [25] les premiers ont une grande cavité du corps, les seconds une petite, de sorte que chez ces derniers la nature a retiré au corps pour ajouter à la longueur des pieds, tandis que chez les autres elle a pris aux pieds pour accroître le corps. C'est pourquoi les pieds sont utiles aux poulpes non seulement pour nager mais aussi pour marcher, alors qu'aux autres ils sont inutiles : [30] car leurs pieds sont petits, alors qu'ils ont une grande cavité. Or puisque leurs pieds sont courts et inutiles pour s'agripper solidement aux rochers lorsqu'il y a des vagues et de la tempête, et pour ramener les proies éloignées, pour ces raisons ils possèdent deux grandes trompes au moyen desquelles ils mouillent et jettent l'ancre au large, [35] comme un bateau pris dans la tempête, et c'est [685b] grâce à celles-ci que les seiches et les calmars

---

1. Par souci de cohérence (puisque les seiches et les calmars ne sont que nageurs, leurs pattes n'ont pas à soutenir le poids de leur corps), nous avons déplacé cette remarque, qui dans les manuscrits se trouve au début de la l. 20.

capturent et ramènent les proies éloignées. Quant aux poulpes, ils ne possèdent pas les trompes, du fait que ce sont leurs pieds qui servent à cela.

Chez ceux qui ont des ventouses aux pieds et des tentacules, ces parties possèdent une puissance et une composition de même sorte que les compresses dans lesquelles les anciens médecins enfermaient les doigts : c'est ainsi que ces choses sont tressées de fibres ; c'est avec elles qu'ils tirent les bouts de chair et les parties molles. Car grâce à leur souplesse, elles entourent ; et lorsqu'elles se contractent, elles pressent et tiennent tout ce qui touche leur surface intérieure. De sorte que puisqu'ils n'ont rien d'autre pour amener à eux, si ce n'est pour certains les pieds, pour d'autres les trompes, ils possèdent ces choses-là pour se défendre et notamment combattre, au lieu de mains. Or tandis que les autres ont deux rangées de ventouses, un certain genre de poulpes n'en a qu'une. La cause en est la longueur et la minceur de leur nature : car il est nécessaire que celui qui est étroit ait une unique rangée de ventouses. Ils ne l'ont donc pas parce que c'est le meilleur, mais parce que c'est nécessaire à cause de la définition propre de leur essence.

Ces animaux possèdent tous une nageoire circulaire autour de la cavité. Mais tandis que chez les autres cette partie est rattachée[1] et continue, y compris chez les calmars géants, ceux qui sont plus petits et qu'on appelle calmars ont cette partie plus large et non pas étroite comme les seiches et les

1. C'est-à-dire en contact avec le reste (συναπτόμενον).

poulpes ; elle part du milieu et n'est pas circulaire partout. Ils ont cette partie de façon à pouvoir nager et pour se redresser, de même que les animaux qui volent ont un croupion, et les poissons une queue. C'est chez les poulpes que cette partie est la plus petite et la moins apparente, du fait qu'ils ont une petite cavité et [25] que les pieds leur suffisent pour se redresser.

Nous avons donc parlé des insectes, des crustacés, des testacés et des céphalopodes, tant de leurs parties intérieures que de leurs parties extérieures.

5. Les parties externes des sanguins (à partir du cou)

5.1 Chez les sanguins vivipares

5.11 La tête et le cou

IV, 10

[30] Il faut reprendre au début l'examen des sanguins vivipares, en commençant par les parties restantes mentionnées plus haut : une fois celles-ci délimitées, nous traiterons de la même manière des sanguins ovipares. Nous avons parlé plus haut des parties situées au niveau de la tête, et de ce qu'on peut appeler le cou et la nuque.

[35] Tous les animaux sanguins possèdent une tête, tandis que [686a] chez certains non-sanguins cette partie n'est pas distincte du reste, par exemple

chez les crabes. Or si les vivipares possèdent tous un cou, ce n'est pas le cas des ovipares : car les ovipares qui possèdent un poumon possèdent aussi un cou, tandis que ceux qui ne respirent pas au-dehors ne possèdent pas cette partie. La tête existe surtout en vue du cerveau : car il est nécessaire aux sanguins de posséder cette partie, et en un lieu situé à l'opposé du cœur, du fait des causes indiquées plus haut[1]. Mais la nature a déposé aussi en elle certaines sensations, du fait que le mélange du sang y est harmonieux, qu'il favorise une bonne température[2] comme aussi le calme et la finesse des sens. En troisième lieu, elle y a installé la partie qui permet l'entrée de la nourriture : car c'est ici qu'elle pouvait l'être de la façon la plus harmonieuse. En effet, il n'était pas possible que l'estomac fût situé au-dessus du cœur, c'est-à-dire du principe, ni que, compte tenu de sa situation basse, il y eût en plus une entrée en dessous : car le corps aurait été long, avec trop de distance par rapport au principe moteur et facteur de cuisson. Si donc la tête existe pour cela, le cou, quant à lui, existe pour la trachée-artère : car c'est un rempart, il préserve celle-ci et l'œsophage en formant un cercle autour. Les loups et les lions ont le cou formé d'un seul os, tandis que chez le reste des animaux il est courbé et contient des vertèbres : car la nature a regardé à ce qu'il contribue à leur force plutôt qu'à un autre secours.

1. II, 7. 2. Littéralement : « chaleur » (ἀλέα), mais le sens fort n'est pas approprié ici, car le cerveau est censé être « la plus froide des parties du corps » (II, 7, 652a 28).

5.12 Membres antérieurs et tronc

Après le cou et la tête, les animaux ont [25] des membres antérieurs et un tronc. Au lieu de jambes[1] et de pieds antérieurs, l'homme possède des bras et ce qu'on appelle des mains. Car il est le seul animal à se tenir droit, parce que sa nature ou essence est divine ; et la fonction de ce qui est le plus divin, c'est de comprendre[2] et de penser ; or cela ne serait [30] pas facile s'il y avait beaucoup de corps en haut : car le poids immobilise la réflexion et le sens commun[3]. C'est pourquoi, lorsque le poids et la quantité de solide augmentent, il est nécessaire que les corps penchent vers la terre ; ainsi, pour leur sûreté, [35] la nature a placé sous les quadrupèdes des pieds antérieurs au lieu de bras et de mains. Car il est nécessaire à tous les animaux qui marchent de posséder deux membres postérieurs, mais les animaux [686b] de cette sorte sont devenus quadrupèdes, l'âme ne pouvant pas porter le poids.

C'est que tous les animaux ressemblent à des nains à côté de l'homme : ressemble en effet à un nain tout animal dont le haut est grand, alors que ce qui soutient [5] le poids à terre est petit. Le haut, c'est ce qu'on appelle le tronc, qui va de la tête jusqu'à la sortie du surplus. Or chez les hommes cette partie est proportionnée au bas et est beaucoup plus petite chez l'adulte ; aux premiers âges, au contraire, c'est

1. P et Y ne parlent ici que de pieds antérieurs. 2. Allusion au νοῦς. 3. C'est-à-dire la perception des sensibles communs (voir *De l'âme* II, 6).

le haut qui est grand et le bas petit. C'est pourquoi ils rampent et ne peuvent pas marcher. Au début, ils ne rampent même pas, ils sont immobiles : car tous les petits enfants sont des nains. Mais avec l'âge, les parties du bas s'accroissent chez les hommes, tandis que chez les quadrupèdes au contraire les parties du bas sont les plus grandes au départ, mais avec l'âge ils s'accroissent en haut, de la cavité qui va du derrière à la tête. C'est pourquoi, du point de vue de la hauteur, les poulains ne sont pas plus petits que les chevaux, ou pas de beaucoup ; lorsqu'ils sont jeunes, ils touchent leur tête avec la jambe postérieure, ce qu'ils ne peuvent plus faire lorsqu'ils avancent en âge. Or si les solipèdes et les bifurqués sont disposés de cette manière, les animaux à plusieurs doigts et sans cornes ressemblent à des nains mais moins que ceux-ci : aussi est-ce en proportion de leur défaut de taille que les parties du bas effectuent leur croissance par rapport à celles du haut. Le genre des oiseaux aussi, celui des poissons, et l'ensemble du genre sanguin, comme nous l'avons dit, ont un aspect de nain. C'est pourquoi tous les animaux sont moins intelligents que les hommes.

De fait, parmi les hommes, les petits enfants par rapport aux adultes, et les adultes qui ont une constitution de nains – fussent-ils pourvus à un degré exceptionnel de quelque autre faculté –, sont cependant inférieurs du point de vue de la raison. La cause en est, nous l'avons dit plus haut, que le principe de leur âme est trop inerte et solide. En outre, plus la chaleur qui élève diminue et plus le terreux augmente, plus la taille des corps diminue et les pattes sont nombreuses, si bien que certains se retrouvent sans pieds et étendus à terre. Ainsi, avançant peu, ils ont précisément leur principe en bas, et la partie située au niveau de la tête finit par être immobile et insensible, ce qui donne une plante, avec le haut en bas [35] et le bas en haut : car chez les plantes les racines **[687a]** jouent le rôle[1] d'une bouche et d'une tête, tandis que pour la semence c'est le contraire : car elle se produit en haut et à l'extrémité des pousses.

Ainsi pour quelle raison certains animaux sont bipèdes, d'autres à plusieurs pieds, d'autres sans pieds, et pourquoi on rencontre d'une part des plantes, d'autre part des animaux, [5] nous l'avons dit, comme aussi pourquoi l'homme est le seul animal qui se tienne droit ; étant droit de nature, il n'a nul besoin de jambes antérieures, mais au lieu de celles-ci la nature lui a donné des bras et des mains.

Anaxagore affirme que, parce qu'il possède des mains, l'homme est le plus intelligent des animaux ; mais ce qui est conforme à la raison, [10] c'est qu'il ait obtenu des mains parce qu'il est le plus intelligent. Car les mains sont un instrument, et la nature distribue toujours, comme un homme intelligent, chaque chose à celui qui est capable de l'utiliser. Il convient en effet de donner des flûtes à celui qui est flûtiste, plutôt que d'ajouter l'art de la flûte au possesseur de flûtes : car c'est à ce qui est plus grand et supérieur [15] qu'elle a ajouté ce qui est moindre, non à ce qui est moindre ce qui est plus élevé et plus grand. Or

1. Littéralement : « possèdent la puissance de… ».

si c'est mieux ainsi, et que la nature produise le meilleur à partir des possibles, ce n'est pas à cause de ses mains que l'homme est le plus intelligent, mais c'est parce qu'il est le plus intelligent des animaux qu'il possède des mains. Car celui qui est le plus intelligent **[20]** peut sans doute faire bon usage d'un maximum d'instruments, et la main a l'air d'être non pas un instrument mais plusieurs : car elle est comme un instrument pour des instruments[1]. C'est donc à celui qui peut recevoir le plus de techniques que la nature a donné l'instrument le plus utile de tous : la main. En fait, ceux qui disent que la constitution de l'homme n'est pas bonne, et que c'est même la pire **[25]** de tous les animaux (il n'a rien aux pieds, affirment-ils, il est nu, il ne possède pas d'arme pour le combat[2]), ne parlent pas correctement. Car les autres animaux possèdent un seul moyen de défense, et ils ne peuvent pas en changer ; ils doivent en quelque sorte rester chaussés pour dormir ou pour n'importe quelle activité, et **[30]** ne jamais enlever la protection qui entoure leur corps, ni changer d'arme, quelle que soit celle qu'ils se trouvent posséder. Mais l'homme **[687b]** a plusieurs moyens de défense, il lui est toujours possible d'en changer, et même de tenir l'arme qu'il veut quand il veut. Car la main devient

---

1. La préposition πρὸ suivie du génitif, dans l'expression ὄργανον πρὸ ὀργάνων, possède à la fois le sens de « avant » et de « au lieu de ». La main est un organe qui remplace et précède les outils. Notons que le sens premier d'ὄργανον est « outil » (même racine que ἔργον, l'œuvre), mais qu'il est utilisé par Aristote à propos de ce que nous appelons les organes. **2.** Voir Platon, *Protagoras* 321 c (mythe de Prométhée).

indifféremment un ongle, un sabot, une corne, une lance, une épée, ou n'importe quelle arme ou instrument : elle pourra en effet être toutes ces choses, parce qu'elle peut tout prendre et tenir.

Ainsi, la forme même de la main est ajustée à sa nature. Elle est en effet divisée et ramifiée : sa division implique sa composition, ce qui n'est pas vrai dans l'autre sens. Il est possible d'en utiliser une ou deux, et de plusieurs façons. Les flexions des doigts sont bien disposées pour prendre et pour serrer ; il y en a un sur le côté, qui est gros et court, et non pas long : pas plus que la préhension ne serait possible sans main en général, elle ne le serait sans ce doigt latéral. Car ce doigt exerce une pression de bas en haut alors que les autres le font de haut en bas ; il faut que ce soit le cas s'il doit lier fortement comme une attache solide, afin que seul il soit égal à plusieurs. Et il est court, à la fois pour une raison de force et parce qu'il ne serait d'aucune utilité s'il était long. Et il est correct que le dernier aussi soit petit, et que le médian soit long comme une rame de milieu de navire : car il est absolument indispensable pour nos activités de saisir l'objet en l'entourant grâce au doigt du milieu[1]. Et la raison pour laquelle on l'appelle le grand doigt[2], alors qu'il est petit, c'est que sans lui les autres seraient pour ainsi dire inutiles.

Les ongles aussi ont été bien conçus : car tandis que les autres animaux les ont pour s'en servir, chez

---

1. Tous les manuscrits portent l'article masculin, sauf Y qui porte un neutre (« saisir par le milieu »). **2.** Le pouce, et non le majeur.

les hommes ce sont des parties qui recouvrent ; car ils représentent un abri des extrémités du corps.

Les flexions des bras sont disposées, tant pour l'action d'amener la nourriture que pour les autres usages, de façon contraire aux quadrupèdes. Car il est nécessaire à ceux-là de fléchir vers l'intérieur les membres antérieurs (car ils utilisent des pieds), afin qu'ils soient utiles pour la marche, puisque, chez les quadrupèdes à plusieurs doigts[1], les pattes de devant servent certes à la marche mais aussi à remplacer des mains, comme c'est manifeste : de fait, **[688a]** ils saisissent et se défendent avec les pattes de devant. Quant aux solipèdes, ils le font avec leurs pattes postérieures : car leurs pattes antérieures ne sont pas disposées d'une façon analogue à des coudes et des mains.

Parmi ceux à plusieurs doigts, il y en a certains qui, pour cette même raison, ont aussi des pattes antérieures à cinq doigts, mais qui ont celles de derrière à quatre doigts, par exemple les lions, les loups, les chiens et les panthères : car le cinquième doigt, comme celui de la main, devient un grand cinquième. Les petits polydactyles ont cinq doigts aux pattes postérieures, parce que ce sont des animaux qui rampent, de façon à ce que, s'agrippant avec leurs nombreux ongles, ils puissent plus facilement grimper vers ce qui est plus haut, plus haut que leur tête.

1. Ou « polydactyles », le terme étant équivalent à celui de fissipède.

5.13 La poitrine

Entre les coudes chez les hommes, et entre les pattes de devant chez les autres, se trouve ce qu'on appelle la poitrine, qui chez les hommes présente de la largeur conformément à la raison (car les coudes, venant sur le côté, n'empêchent pas ce lieu d'être [15] large), tandis que chez les quadrupèdes, du fait de l'extension des membres vers l'avant liée au fait de marcher et de changer de lieu, cette partie est étroite. Et c'est pour cette raison que les animaux quadrupèdes ne possèdent pas de mamelles dans le lieu en question, tandis que chez les hommes, en raison de ce large espace et parce qu'il faut que [20] les parties situées autour du cœur soient abritées, c'est pour cette raison que, le lieu disponible étant charnu, les mamelles sont distinctes[1] ; elles sont charnues chez les mâles du fait de la cause que nous avons indiquée, tandis que chez les femelles la nature s'en est servie aussi pour une autre fonction, comme nous affirmons qu'elle le fait souvent : car elle y dépose la nourriture des tout-petits. [25] Les mamelles sont deux parce qu'il y a deux parties, la gauche et la droite. Et si elles sont plus dures, elles sont toutefois délimitées, du fait que les côtes se rejoignent au niveau de ce lieu et qu'il ne faut pas que leur nature soit pesante.

[30] S'il est impossible aux autres animaux d'avoir les mamelles dans la poitrine entre les jambes (car cela constituerait un obstacle pour la marche),

---

1. Littéralement : « sont articulées » (διηρθρόνται), c'est-à-dire non rattachées l'une à l'autre.

elles admettent, dès lors, plusieurs dispositions. Car les animaux peu prolifiques, les solipèdes et ceux à cornes ont des mamelles entre les cuisses [1], au nombre de deux, tandis que les multipares ou les fissipèdes en ont soit plusieurs en diagonale autour du ventre, **[35]** par exemple le porc et le chien, soit deux seulement, mais au milieu **[688b]** du ventre, par exemple le lion. La cause en est, non pas que c'est un animal non prolifique – la portée dépassant parfois deux –, mais qu'il n'a pas beaucoup de lait : car il dépense dans le corps la nourriture qu'il absorbe, et il en absorbe rarement, du fait que c'est un carnivore.

[5] Quant à l'éléphant, il n'en a que deux, sous les aisselles des pattes de devant. Il en a deux parce que c'est un unipare, et il ne les a pas entre les cuisses parce que c'est un fissipède (car aucun fissipède ne les a entre les cuisses), et il les a en haut contre les aisselles parce que ce sont les premières mamelles chez ceux qui **[10]** en possèdent plusieurs – celles qui donnent le plus de lait. Un signe en est ce qui se produit chez les porcs : ce sont les premières mamelles qu'on présente aux porcelets nés en premier. Or l'animal qui n'a qu'un seul premier-né, il lui est nécessaire de posséder les premières mamelles, et les premières sont celles qui se trouvent sous les aisselles. **[15]** Si donc, pour cette raison, l'éléphant en possède deux et à cet endroit, les multipares les ont, eux, autour du ventre. La cause en est qu'il faut plus de mamelles à ceux qui doivent nourrir plus de petits : or puisqu'il n'est pas possible qu'ils les aient

1. Littéralement : « dans les cuisses ».

en largeur, à moins qu'ils en aient seulement deux, à cause de la distinction entre la gauche et la droite, il est nécessaire qu'ils les aient en longueur ; et il n'y a que le lieu situé entre les jambes de devant et celles de derrière qui possède de la longueur.

Les animaux non fissipèdes mais qui enfantent peu ou portent des cornes ont les mamelles entre les cuisses, par exemple le cheval, l'âne, le chameau (car ce sont des unipares, les premiers solipèdes, le dernier à pieds fourchus), auxquels s'ajoutent le cerf, la vache, la chèvre et tous les autres animaux de cette sorte. La cause en est que chez eux la croissance se fait en haut du corps, de sorte que c'est à l'endroit où se produisent un rassemblement et une surabondance de surplus et de sang (ce lieu est celui qui se trouve en bas et au niveau des écoulements) que la nature a produit les mamelles. Car c'est là que se produit le mouvement de la nourriture qu'il leur est possible d'en prendre. Or si l'homme, aussi bien femelle que mâle, possède des mamelles, chez les autres animaux certains mâles n'en ont pas, par exemple certains chevaux, tandis que d'autres en ont, ceux qui ressemblent à leur mère. Voilà pour les mamelles.

5.14 Parties servant à l'excrétion

Après la poitrine se trouve le lieu qui entoure l'estomac, non enfermé par les côtes, pour la raison indiquée plus haut, de façon à ce qu'elles ne fassent obstacle ni **[689a]** à la dilatation de la nourriture qui se produit nécessairement avec son échauffement, ni aux matrices qui ont trait à la grossesse. La terminaison de ce qu'on appelle le tronc, ce sont les parties relatives à la sortie de la production de surplus, solide ou liquide[1]. La nature utilise la même partie à la fois pour la sortie de la production de surplus liquide et pour le coït, pareillement pour les femelles et pour les mâles, chez tous les sanguins à quelques exceptions près, et chez tous les vivipares. La cause en est que la semence[2] est un liquide et un surplus : qu'on admette cela pour le moment ; nous en donnerons plus tard la preuve[3]. Il en va de même chez les femelles pour les règles et pour l'endroit par où elles émettent leur semence : des précisions seront aussi données plus tard à ce sujet ; pour le moment, qu'on admette seulement que les règles sont aussi un surplus chez les femelles. Les règles et la semence sont de nature humide, de sorte qu'il est rationnel que des choses identiques et des choses semblables soient sécrétées vers ces parties. Comment elles sont disposées à l'intérieur, et en quoi diffèrent les choses qui ont trait au sperme et celles qui ont trait à la grossesse, c'est manifeste à partir à la fois de l'*Histoire des animaux*[4] et des *Planches anatomiques*, et nous en parlerons ultérieurement dans les leçons sur la génération[5].

Que précisément les figures des parties en question entretiennent un rapport nécessaire avec leur activité,

1. Littéralement : « sec ou humide ». 2. Le terme est γονή, plus large que σπέρμα (semence du mâle). 3. Voir *Génération des animaux* (I, 18-19). 4. III, 1. 5. Voir le livre I de la *Génération des animaux*.

il n'est pas difficile de s'en apercevoir. L'organe des mâles présente des différences qui suivent celles des corps. Car tous n'ont pas également une nature de tendon. De plus, cette partie est la seule [25] qui présente augmentation ou diminution en l'absence de changement pathologique : car la première est utile à l'accouplement, l'autre pour les besoins du reste du corps ; car si elle était toujours dans le même état elle constituerait un obstacle. Or cette partie a une nature formée de telle sorte que l'un et l'autre de ces phénomènes puissent se produire : car il y a en elle à la fois [30] du tendon et du cartilage ; par conséquent, elle peut aussi bien se rétracter que s'étendre, ce qui lui permet de recevoir du souffle. Or si les femelles quadrupèdes urinent toutes par-derrière, une telle localisation leur étant utile pour le coït, il y a peu de mâles qui urinent par-derrière : le lynx, le lion, le chameau et [35] le lièvre ; aucun solipède n'urine par-derrière.

5.15 Le derrière

[689b] Les parties de derrière et celles situées autour des jambes sont disposées chez les hommes d'une façon particulière par rapport aux quadrupèdes. Presque tous les animaux possèdent une queue, vivipares comme ovipares : car même lorsqu'ils en ont une petite, du moins [5] ont-ils une ébauche d'appendice[1]. L'homme, quant à lui, n'a pas de queue mais il possède des fesses, ce qui n'est le cas d'aucun

1. Littéralement : « une sorte d'appendice en vue d'un signe ».

quadrupède. De plus, les jambes aussi, l'homme les a charnues, et il possède des cuisses et des mollets, tandis que tous les autres les ont dépourvues de chair, non seulement les vivipares mais aussi la totalité des animaux qui possèdent des jambes : car ils les ont tendineuses, osseuses **[10]** et comme de l'arête. Dans tous ces cas, la cause est pour ainsi dire unique : c'est que l'homme est le seul animal qui se tienne droit. Or afin qu'il puisse porter facilement les parties du haut, et les avoir légères, la nature a transféré aux parties du bas le poids du solide retranché à celles du haut : c'est pourquoi elle a fait les fesses charnues et a produit des cuisses et des mollets. **[15]** En même temps, elle a fait servir la nature des fesses, justement, pour les moments de repos : car pour les quadrupèdes se tenir debout ne demande pas d'effort, et ils ne se fatiguent pas en faisant cela continuellement (car ils passent leur temps en quelque sorte allongés, avec quatre étais placés sous eux), tandis que les hommes ont du mal **[20]** à rester debout, leur corps ayant au contraire besoin de se reposer en position assise.

Si l'homme, pour la raison que nous avons indiquée, possède des fesses, des jambes charnues, et est donc sans queue (car la nourriture qui passe là est dépensée dedans, et comme il a des fesses l'utilité de la queue disparaît), **[25]** c'est tout le contraire pour les quadrupèdes et les autres animaux : car chez ces animaux qui ressemblent à des nains, l'élément lourd et solide est installé tout entier en haut, aux dépens des parties du bas : c'est pourquoi ils ont des jambes dures et sans fesses. Or pour protéger et abriter la partie qui s'occupe de la sortie du surplus, **[30]** la nature leur a donné ce qu'on appelle un appendice ou une queue, en prenant sur la nourriture qui arrive dans les jambes. Quant au singe, du fait que sa configuration est ambiguë et qu'elle ne relève d'aucune des deux précédentes tout en relevant des deux, il ne possède ni d'appendice ni de fesses : dans la mesure où il est bipède, pas d'appendice, et dans la mesure où il est quadrupède, pas de fesses. Les différents types de queues **[690a]** sont nombreux, et la nature use et abuse en ce domaine, non seulement pour protéger l'assise mais aussi pour l'utilité de leurs possesseurs.

5.16 Les pieds

Chez les quadrupèdes, les pieds présentent des différences : **[5]** car il y a parmi eux ceux qui ont un sabot[1], ceux qui sont à pieds fourchus[2] et ceux qui sont fissipèdes. Ont un sabot ceux chez lesquels, à cause de leur grande taille et de leur abondance de terreux, la partie qui est telle a absorbé une sécrétion pour former la nature de l'ongle à la place de cornes et de dents ; ainsi, à cause de cette abondance, au lieu de plusieurs ongles on trouve un ongle unique, le sabot. **[10]** Et la raison pour laquelle ils ne possèdent pas d'astragale, pour parler en général, c'est que la flexion de la patte arrière est moins mobile lorsqu'un astragale s'y trouve : car les choses qui possèdent un seul angle s'ouvrent et se referment plus vite que celles qui en possèdent plusieurs, et

---

1. Les solipèdes. 2. Les bifurqués.

l'astragale, étant une cheville, est enfermé par les deux autres membres comme un membre étranger, [15] qui apporte un poids bien qu'il rende la marche plus sûre. C'est pour cette raison que ceux qui possèdent un astragale ne l'ont pas dans les pattes avant mais dans celles de derrière : il faut que les parties directrices soient agiles et faciles à fléchir, et que la sûreté et l'extension soient dans celles de derrière. De plus, pour se défendre, [20] c'est cette partie qui frappe le plus fort ; et les animaux de cette sorte utilisent leurs membres de derrière, eux qui donnent des coups de pied à ce qui les ennuie.

Quant aux bifurqués, ils possèdent un astragale (car leurs membres arrière sont plus légers), et c'est parce qu'ils possèdent un astragale qu'ils ne sont pas solipèdes, puisque l'osseux absent du pied reste dans l'articulation.

Les polydactyles ne possèdent pas d'astragale : [25] car alors ils n'auraient pas plusieurs doigts ; en fait, la largeur se trouve fendue sur tout l'emplacement qu'occupe l'astragale. C'est pourquoi la majorité de ceux qui en ont un sont des bifurqués.

C'est l'homme qui, de tous les animaux, possède les plus grands pieds en proportion de sa taille, conformément à la raison : car il est le seul qui se tienne droit, ce qui exige que les pieds qui soutiennent à deux tout le poids du corps [30] possèdent longueur et largeur. Et la taille des doigts, dès lors, est disposée de façon contraire selon qu'il s'agit des pieds ou des mains, ce qui est rationnel : car la fonction des mains est de tenir et de serrer, de sorte qu'il faut qu'elles [690b] possèdent de longs doigts (car c'est avec la partie qui se recourbe que la main entoure), tandis que celle des pieds c'est de marcher de façon assurée ; il faut donc attribuer ce rôle à la partie du pied qui n'est pas découpée en doigts. Or il est meilleur que l'extrémité soit découpée plutôt que le contraire : car quand une partie peinerait, l'ensemble serait affecté aussi, alors qu'avec des pieds découpés en doigts, ce n'est plus le cas. De plus, comme ils sont courts, ils subissent sans doute moins de dommages. C'est pourquoi les pieds des hommes sont à plusieurs fentes[1] et n'ont pas de longs doigts. Quant au genre des ongles, les pieds en ont pour la même raison que les mains : car il faut avant tout que les extrémités du corps soient abritées, du fait de leur faiblesse.

Ainsi pour ce qui est des animaux sanguins vivipares vivant au sol, nous avons parlé pratiquement de tous.

5.2 Sanguins ovipares

5.21 Quadrupèdes et serpents

IV, 11

Parmi les animaux sanguins ovipares, les uns sont quadrupèdes, les autres sans pieds. Un seul genre parmi eux est sans pieds, celui des serpents : la cause de leur absence de pieds a été mentionnée dans les précisions sur la marche des animaux[2]. Pour le

---

1. Le terme est le même que pour les fissipèdes. **2.** *Marche des animaux*, chapitres 7 et 8.

reste, ils ont une structure à peu près identique à celle des quadrupèdes ovipares. Pour les mêmes raisons que les autres sanguins, ces animaux possèdent une tête et les parties afférentes, ainsi qu'une langue [20] dans la bouche, à l'exception du crocodile de rivière : il semblerait bien que celui-ci n'en ait pas, mais seulement l'emplacement. La cause en est que, d'une certaine manière, il est à la fois terrestre et aquatique : du fait qu'il est terrestre, il possède l'emplacement d'une langue, mais du fait qu'il est aquatique il est dépourvu de langue. Car les poissons, nous l'avons dit plus haut[1], [25] semblent les uns ne pas en avoir, à moins qu'on les renverse complètement, tandis que les autres en ont une indistincte. La cause en est qu'une langue leur serait peu utile, du fait qu'il ne leur est pas possible de mâcher ni de goûter ; c'est au contraire dans la déglutition que se produisent chez tous ces animaux la sensation de la nourriture et le plaisir qui lui est lié. Car la langue [30] produit la sensation des saveurs, mais pour les aliments solides c'est dans leur descente que réside le plaisir : car c'est quand elles sont dégluties qu'ils sentent les choses grasses, chaudes, etc. Or les vivipares aussi possèdent cette sensation, et pratiquement pour **[691a]** la plupart des mets et aliments c'est dans leur déglutition que, par la dilatation de l'œsophage, la joie se produit. C'est pourquoi ce ne sont pas les mêmes individus qui sont portés sur les boissons et les saveurs, que sur les mets et la nourriture solide. Mais tandis que les autres animaux ont en plus le [5] sens

1. II, 17 (660b 15).

du goût, ceux-là ont l'autre sens, en quelque sorte. Parmi les quadrupèdes ovipares, les lézards, tout comme les serpents, ont une langue bifide qui n'est plus qu'un poil à son extrémité, comme nous l'avons dit plus haut[1]. Les phoques aussi ont une langue bifide. C'est pourquoi tous ces animaux sont gourmands. Les ovipares quadrupèdes ont des dents de scie comme les poissons.

La disposition de tous leurs organes sensoriels, sans exception, est semblable à celle des autres animaux : ils ont des narines pour l'olfaction, des yeux pour la vue et des oreilles pour l'audition, mais pas proéminentes, pas plus que chez les oiseaux ; ils ont seulement un conduit. La cause en est, pour les uns et les autres, la dureté de leur peau : car parmi eux les uns sont pourvus de plumes, et ceux-ci sont tous pourvus d'une carapace ; et la carapace est semblable à de l'écaille par son emplacement, mais plus dure par sa nature. Ce qui le montre, chez les tortues, les grands serpents et les crocodiles de rivière, c'est qu'elles se révèlent plus résistantes que les os dans la mesure où elles ont une telle nature. Ces animaux ne possèdent pas la paupière du haut, pas plus que les oiseaux, mais c'est avec celle du bas qu'ils ferment les yeux, pour la raison que nous avons indiquée à propos de ceux-là[2]. Or s'il y a des oiseaux qui clignent des yeux au moyen d'une membrane à partir des coins, les animaux en question ne clignent pas des yeux : car ils ont les yeux plus durs que les oiseaux. La cause en est qu'une vue

1. II, 17 (660b 5). 2. II, 13 (657b 5).

perçante est plus utile pour vivre à ces derniers, puisqu'ils volent, tandis qu'elle l'est moins aux animaux en question : car tous ceux de cette sorte sont troglodytes.

La tête étant divisée en deux, partie supérieure et mâchoire en bas, si donc l'homme et les quadrupèdes vivipares bougent leur mâchoire en haut, en bas **[30]** et vers le côté, les poissons, les oiseaux et les quadrupèdes ovipares la bougent seulement vers le haut et le bas. La cause en est que ce genre de mouvement sert à mordre et **[691b]** à diviser, tandis que celui vers le côté sert à broyer. Or chez ceux qui possèdent des molaires le mouvement vers le côté est utile, alors qu'il est inutile aux autres, et c'est pourquoi tous les animaux de cette sorte en sont privés : car la nature ne produit rien de superflu. **[5]** Or si tous les autres animaux bougent la mâchoire du bas, seul le crocodile de rivière bouge celle du haut. La cause en est que pour saisir et retenir, ses pieds ne servent à rien : car ils sont tout petits. À ces fins, donc, c'est la bouche que la nature a fait servir chez lui, au lieu des pieds. Pour **[10]** retenir ou saisir, c'est du côté où le coup peut être le plus fort qu'il est le plus utile de bouger sa mâchoire ; et le coup est toujours plus fort d'en haut que d'en bas. Or puisque la bouche permet deux usages, saisir et mordre, mais que le plus nécessaire est de retenir lorsqu'on ne possède ni mains ni **[15]** pieds bien développés, il leur est plus utile de bouger la mâchoire du haut que celle du bas. C'est pour la même raison que les crabes bougent la partie supérieure de leurs pinces et non celle du bas : car leurs pinces tiennent lieu de mains, de sorte que c'est pour saisir et non pour diviser que la pince doit être utile. Or diviser [20] et mordre est la fonction des dents. Ainsi, chez les crabes et les autres animaux qui peuvent effectuer tranquillement la saisie parce que l'usage de leur bouche n'est pas dans l'élément liquide, il y a division des tâches ; ils saisissent avec des mains ou des pieds, et ils divisent ou mordent avec la bouche ; mais chez les crocodiles, [25] la nature a fait servir la bouche à ces deux choses, leurs mâchoires bougeant de cette façon.

Tous les animaux de cette sorte possèdent aussi un cou parce qu'ils possèdent un poumon : car ils reçoivent le souffle par leur trachée-artère qui présente de la longueur. Or puisqu'on appelle cou ce qui se trouve entre la tête et les épaules, c'est le serpent qui, parmi les animaux de cette sorte, pourrait sembler avoir le plus petit cou [30] (en fait, l'analogue du cou), si tant est qu'il faille délimiter la partie en question par les extrémités que nous avons indiquées. C'est le propre des serpents, par rapport aux animaux qui leur sont apparentés, que de tourner la tête [692a] vers l'arrière tandis que le reste du corps est au repos. La cause en est que, tout comme les insectes, c'est un animal qui peut s'enrouler, de sorte qu'il a des vertèbres flexibles et cartilagineuses. Or si cela [5] leur est arrivé par nécessité pour cette raison, c'est aussi pour le meilleur, en vue d'une protection contre les dommages venus de derrière : car étant long et sans pieds, le serpent n'est pas de nature à se retourner pour surveiller ses arrières. Car il est absolument inutile de lever la tête sans pouvoir la tourner.

Les animaux de cette sorte possèdent aussi l'analogue de la poitrine. Toutefois, ils n'ont de mamelles ni à cet endroit ni dans le reste du corps, pas plus qu'aucun oiseau ou poisson. La cause en est qu'aucun de ces animaux ne possède non plus de lait ; or la mamelle est un réceptacle et comme un vase de lait. Ni ceux-là, ni aucun autre de ceux qui ne sont pas vivipares en eux-mêmes[1], ne possèdent de lait, et c'est pourquoi ils sont ovipares ; c'est dans l'œuf que se produit la nourriture lactée présente chez les vivipares. Nous parlerons d'eux de façon plus précise dans les leçons sur la génération[2]. Quant à l'examen de la flexion des articulations, il a été effectué antérieurement dans les leçons sur la marche[3], d'une façon commune pour tous.

Les animaux de cette sorte possèdent aussi une queue, plus ou moins grande selon les cas, dont nous avons donné plus haut la cause de façon universelle. C'est le caméléon qui, de tous les ovipares qui vivent au sol, est le plus maigre : car c'est lui qui possède le moins de sang. La cause en est le caractère de son âme : la peur, en effet, lui fait prendre plusieurs aspects. Car la peur est un refroidissement dû à une faible quantité de sang et à un manque de chaleur. Ainsi, au sujet des animaux sanguins, aussi bien sans

1. Les « vivipares en eux-mêmes » sont à distinguer des ovovivipares, lesquels donnent naissance à des petits vivants, après avoir contenu un œuf dans leur ventre. 2. Voir *Génération des animaux* (III, 2). 3. Voir l'ensemble du traité de la *Marche des animaux*.

pieds [692b] que quadrupèdes, nous avons décrit et expliqué, en gros, leurs parties extérieures.

5.22 Oiseaux

IV, 12

Les différences entre les oiseaux résident dans l'excès et le défaut des parties, dans des questions de plus [5] ou moins. Car certains ont des jambes longues, les autres des jambes courtes, et la langue est large chez les uns, étroite chez les autres ; et il en va pareillement pour les autres parties. Entre eux[1], ils présentent peu de différences de parties ; et ils diffèrent des autres animaux par la structure de leurs parties.

[10] Assurément, ils sont tous pourvus de plumes, ce qui leur est propre. Car en matière de parties, certains animaux sont pourvus d'une carapace, d'autres se trouvent pourvus d'écailles, et les oiseaux ont des plumes. Leur plume est fendue et n'a pas le même aspect que chez les animaux à aile entière : car l'aile de ceux-ci est indivise alors que celle des autres est fendue, l'une est [15] sans tuyau tandis que l'autre contient un tuyau. Ils présentent aussi dans la tête, comme quelque chose d'exceptionnel et de propre par rapport aux autres, la nature du bec. Car les éléphants ont une trompe au lieu de mains, certains insectes ont une langue au lieu d'une bouche, et

1. Le terme est ἰδίᾳ : « en privé ».

ceux-ci ont, au lieu de dents et de lèvres[1], un bec en os. Quant aux organes sensoriels, nous en avons parlé plus haut[2].

Ils possèdent par nature un cou étendu, pour la même raison que les autres ; certains l'ont court, d'autres long, sa dimension suivant à peu près celle des pattes dans la plupart des cas : ceux qui ont de longues pattes ont un long cou, et ceux qui ont les pattes courtes en ont un court, à l'exception des palmipèdes. Car si les uns en avaient **[693a]** un court sur leurs longues pattes, le cou ne leur servirait à rien pour la pâture qu'ils prennent à terre, pas plus qu'aux autres s'ils l'avaient long avec des pattes courtes. De plus, chez les oiseaux qui se nourrissent de viande, sa longueur va à l'encontre de leur subsistance : car un long cou est faible ; or ils tirent leur subsistance de la domination. C'est pourquoi aucun oiseau à serres n'a de long cou. Quant aux palmipèdes qui ont les pieds divisés mais aplatis, dans la mesure où ils appartiennent au même genre que les palmipèdes ils ont un long cou (car ainsi il est utile pour la nourriture qu'ils tirent de l'élément liquide), mais ils ont des pattes courtes pour la nage.

Les becs aussi présentent une différence selon les modes de vie. Car certains l'ont droit, d'autres recourbé : droit lorsque c'est en vue de la nourriture, et recourbé chez les carnassiers. Car ce dernier est utile pour dominer, et il leur est nécessaire de se

---

1. Nous suivons la leçon minoritaire, présente chez UZY. Les autres manuscrits portent χειρῶν (« au lieu de dents et de mains »). **2.** II, 12, 16 et 17.

nourrir d'animaux. **[15]** Ceux qui mènent une vie douce[1] et herbivore ont un bec large : car cette sorte de bec est utile aussi bien pour creuser que pour tirer ou arracher la nourriture. Certains animaux de cette sorte ont le bec long, comme leur cou, du fait qu'ils prennent leur nourriture en profondeur. Et la plupart **[20]** des animaux de cette sorte ainsi que des palmipèdes (soit au sens propre, soit par référence à la partie identique[2]) vivent en chassant des bestioles qui vivent dans l'eau : chez ceux qui sont tels le cou s'avère être comme une canne à pêche, et le bec comme la ligne et l'hameçon.

En ce qui concerne les parties du dessus, du dessous et celles **[25]** de ce qu'on appelle le tronc chez les quadrupèdes, c'est un lieu d'un seul bloc chez les oiseaux. Car ils ont les ailes rattachées aux bras et aux jambes de devant, **[693b]** et cette partie leur est propre : c'est pourquoi, au lieu d'une omoplate, ils ont sur le dos les terminaisons des ailes. Ils ont deux jambes comme l'homme, mais de flexion intérieure comme les quadrupèdes et non extérieure comme celui-ci, et leurs ailes sur la circonférence, comme **[5]** les jambes antérieures des quadrupèdes.

L'oiseau est bipède par nécessité : car, par essence, l'oiseau fait partie des sanguins et il est en même temps pourvu d'ailes. Or les sanguins ne se meuvent pas avec plus de quatre points d'appui. Assurément, les quatre parties rattachées, de même qu'elles existent chez les animaux qui vivent au sol et qui

1. Le manuscrit Y comporte ici ἕλειος (« lacustre ») au lieu de ἡδὺς. 2. Sur cette distinction, voir plus loin 694b 4.

marchent, **[10]** sont présentes aussi chez les oiseaux, mais alors que ceux-là ont quatre bras ou jambes, c'est une aile[1] qui est commune aux oiseaux au lieu des jambes ou des bras de devant (car ils peuvent se tendre au niveau des ailes, et l'aptitude au vol fait partie de l'essence de l'oiseau), de sorte qu'ils n'ont plus qu'à être bipèdes par nécessité. C'est ainsi **[15]** qu'ils pourront se mouvoir avec quatre points d'appui, ailes incluses.

Ils possèdent tous une poitrine pointue et charnue, pointue pour le vol (car les choses larges, repoussant beaucoup d'air, sont difficiles à mouvoir), et charnue parce que ce qui est pointu est faible s'il ne possède pas un abri important. Sous la poitrine se trouve un estomac qui va jusqu'à **[20]** la sortie du surplus et à l'articulation des jambes, comme chez les quadrupèdes et les hommes. Voilà donc les parties qui se trouvent entre les ailes et les pattes. Or si tous les animaux qui sont enfantés vivants ou dans des œufs possèdent un nombril à la naissance, celui-ci disparaît quand les oiseaux grandissent. **[25]** Cela sera clair dans les leçons sur la génération[2]. Car c'est avec l'intestin que le raccord se fait, et ce n'est pas une partie des vaisseaux comme chez les vivipares.

De plus, certains oiseaux sont aptes au vol et ont des ailes **[694a]** grandes et fortes, par exemple ceux à serres, c'est-à-dire les carnassiers : car il leur est

---

1. Le terme πτερύγιον signifie ici « aile » et non « plume ».
2. *Génération des animaux* III, 2 (754a 14).

nécessaire d'être aptes au vol toute leur vie[1] ; ainsi, pour cela, ils possèdent un grand nombre de plumes et de grandes ailes. Il n'y a pas que ceux à serres qui sont aptes au vol, mais aussi d'autres genres d'oiseaux, ceux qui doivent leur salut à la rapidité de leur vol ou qui sont migrateurs. Certains oiseaux ne sont pas aptes au vol mais sont lourds, ceux qui vivent à terre et se nourrissent de graines, ou qui sont nageurs et font leur vie au bord de l'eau. Le corps des oiseaux à serres est petit sans les ailes, du fait que la nourriture est dépensée dans celles-ci pour le combat et la défense, tandis que ceux qui ne sont pas aptes au vol ont au contraire un corps volumineux, ce qui les rend lourds.

Certains oiseaux lourds possèdent comme moyen de défense, à la place des ailes, ce qu'on appelle les ergots, aux pattes. Il ne se produit pas que les mêmes aient à la fois des ergots et des serres : la cause en est que la nature ne produit rien de superflu. Les ergots sont inutiles aux oiseaux à serres et qui sont aptes au vol : car ils sont utiles dans les combats au sol ; aussi appartiennent-ils à certains oiseaux lourds. À ces derniers, en revanche, les serres sont inutiles et même nuisibles : comme elles s'enfoncent, elles contrarient la marche. C'est pourquoi tous les oiseaux à serres ont du mal à marcher et ne se posent pas sur des rochers : car la nature des ongles s'oppose chez eux à l'un et l'autre. Or cela s'est produit par nécessité, pour ce qui est de leur formation : car

1. Nous suivons la leçon de la branche b ainsi que de Z et Δ, au lieu de διὰ τὸν βίον (« à cause de la subsistance »).

l'élément du corps qui est terreux et chaud donne des parties utiles pour l'attaque. Lorsqu'il s'écoulait vers le haut, **[25]** il a produit la dureté du bec ou sa grande taille, et dans le cas inverse, des ergots puissants aux pattes, ou aux pieds des ongles grands et forts. Mais ces deux choses ne se produisent pas aux deux endroits en même temps. Car lorsqu'elle se disperse, la nature de ce surplus s'affaiblit. **[694b]** Chez d'autres, il fabrique de longues pattes, ou, chez quelques-uns, il comble l'intervalle des pieds. Voilà pourquoi, comme par nécessité, certains oiseaux nageurs sont palmipèdes au sens propre, tandis que les autres ont une division dans la nature de chacun des doigts, **[5]** avec cependant une sorte de surface plate entièrement continue fixée à chacun d'eux. Or si ces phénomènes se produisent par la nécessité de ces causes, c'est aussi comme par le fait du meilleur que ces oiseaux ont, pour leur subsistance, de tels pieds : pour que, vivant dans l'eau avec des ailes inutiles, ils aient des pieds utiles pour nager. Car **[10]** les nageoires des poissons s'avèrent être comme les rames des navigateurs : c'est pourquoi, lorsque les uns ont les nageoires qui faiblissent, et les autres, les intervalles des pieds, ils ne nagent plus.

Certains oiseaux ont de longues pattes. La cause en est que de tels oiseaux mènent une vie lacustre : car la nature produit les instruments[1] pour la fonction, et non la fonction pour les instruments. Ainsi, parce qu'ils ne **[15]** sont pas nageurs, ils ne sont pas palmipèdes, mais parce que leur vie se passe dans un

1. En l'occurrence, les organes.

milieu qui se dérobe, ils ont de longues pattes et de longs doigts, et la plupart d'entre eux ont de multiples articulations dans les doigts. Or étant donné que même s'ils ne sont pas aptes au vol ils sont tous faits à partir de la même matière, la nourriture destinée au croupion est dépensée chez eux dans les pattes, qu'elle augmente. C'est pourquoi, au cours du vol, c'est d'elles qu'ils se servent au lieu du croupion. Car ils volent en les étendant vers l'arrière : c'est ainsi que les pattes leur sont utiles, sans quoi elles seraient gênantes.

Certains oiseaux volent avec de courtes pattes contre le ventre. Car certains d'entre eux ne sont pas gênés par des pieds ainsi disposés, et chez les oiseaux à serres ils sont même requis pour l'enlèvement des proies. Parmi les oiseaux à long cou, ceux qui ont un cou plutôt épais volent avec le cou tendu, tandis que ceux qui en ont un long et mince le recourbent pour voler : car il risque moins de se casser en vol puisqu'il est à l'abri.

[695a] Tous les oiseaux possèdent un fessier dont la disposition pourrait faire penser qu'ils possèdent, non un fessier, mais deux cuisses, à cause de sa longueur : car il s'étend en dessous jusqu'au milieu du ventre. La cause en est que l'animal en question est bipède sans être droit : car s'il avait, comme les hommes et les quadrupèdes, un fessier court partant du fondement avec les pattes juste après, il serait incapable de se tenir droit. Car l'homme se tient droit, tandis que des pattes antérieures soutiennent le poids des quadrupèdes. Les oiseaux ne se tiennent pas droits, parce qu'ils ont une nature de nains, mais ils ne possèdent pas de pattes antérieures (pour cette raison, ils possèdent des ailes à la place) ; au lieu de cela, comme ils avaient un long fessier, la nature l'a placé comme soutien au milieu : elle a placé les pattes dessous, pour que, leur poids étant équilibré de part et d'autre, ils puissent marcher et rester en place. Ainsi donc, pourquoi l'oiseau est bipède sans être droit, nous l'avons dit ; l'absence de chair de ses pattes s'explique par la même cause que chez les quadrupèdes, dont nous avons parlé plus haut.

Tout oiseau possède quatre doigts, qu'il soit fissipède ou palmipède. Quant à l'autruche[1], nous dirons plus tard qu'elle a les pieds fourchus, tout en indiquant les autres caractères contraires qu'elle présente par rapport au genre des oiseaux. Les oiseaux ont les trois premiers doigts devant, et un derrière pour leur sûreté, à la place d'un talon. Et chez ceux qui ont de longues pattes, le dernier est de petite taille (comme c'est le cas du râle d'eau), sans qu'ils possèdent pour autant un plus grand nombre de doigts. Si telle est donc la disposition des doigts dans le cas général, le torcol, lui, a seulement deux doigts devant et deux derrière. La cause en est que son corps est moins porté vers l'avant que celui des autres. Tous les oiseaux possèdent des testicules mais ils les ont à l'intérieur : nous en indiquerons la cause dans les leçons consacrées aux générations des animaux[2]. **[695b]** Voilà donc comment sont disposées les parties des oiseaux.

1. Littéralement : « le moineau de Libye ». 2. Voir *Génération des animaux* (I, 5).

5.23 Poissons

IV, 13

Le genre des poissons a des parties externes encore plus tronquées. Car ils ne possèdent ni jambes, ni mains, ni ailes (la cause en a été indiquée plus haut), mais la cavité forme une totalité continue de la tête jusqu'à la queue. La queue n'est pas semblable chez tous : alors que les uns ont des queues approchantes, certains poissons larges ont une longue queue en forme d'épine. Car la croissance à cet endroit se fait en largeur, comme c'est le cas chez les torpilles, les pastenagues et autres sélaciens. Si donc cette sorte de poissons a la queue longue et épineuse, d'autres l'ont courte et charnue pour la même raison que les torpilles : car peu importe qu'elle soit courte et plus charnue, ou longue et moins charnue. Dans le cas des baudroies, c'est le contraire : car comme elles n'ont pas de partie large et charnue à l'avant, la nature a placé toute cette chair soustraite vers l'arrière et la queue.

5.231 Les nageoires

Les poissons n'ont pas de membres qui dépassent[1], parce que, selon la définition de leur essence, ils ont une nature nageuse, puisque la nature ne produit rien de superflu ni de vain. Puisqu'ils sont sanguins par essence, ils possèdent des nageoires parce que ce sont des nageurs, et pas de pieds parce qu'ils ne

1. Littéralement : « de membres rattachés ».

vivent pas au sol : car l'ajout de pieds sert à bouger sur le sol. Il n'était pas possible qu'ils possèdent en même temps quatre nageoires et des pieds, ou un autre membre de cette sorte : car ce sont des sanguins. **[25]** Les lézards d'eau, qui ont des branchies, ont des pieds : car ils ne possèdent pas de nageoires et ont une queue large et molle. Les poissons qui ne sont pas larges comme le sont la raie ou la pastenague, possèdent quatre nageoires, deux au-dessus, et deux **[696a]** en dessous. Aucun n'en possède plus de quatre : car ce ne serait plus un sanguin. Tous ou presque possèdent celles du dessus, mais certains poissons longs et gros n'ont pas celles du dessous, par exemple l'anguille, le congre et un certain genre de mulets **[5]** qu'on trouve dans le lac de Siphes. Ceux qui sont plus développés en longueur et ressemblent davantage à des serpents, par exemple la murène, n'ont pas de nageoires au sens propre, mais se meuvent grâce à leurs articulations, en utilisant l'eau comme les serpents utilisent la terre : car les serpents nagent de la même manière qu'ils rampent sur la terre. **[10]** Les poissons qui ressemblent à des serpents ne possèdent pas de nageoires, pour la même raison qui fait que les serpents n'ont pas de pieds. Nous en avons indiqué la cause dans les leçons sur la marche et sur le mouvement des animaux[1]. C'est qu'autrement ils se déplaceraient mal, car ils devraient le faire avec quatre points d'appui : car s'ils avaient les nageoires rapprochées, ils se déplaceraient avec peine, tout comme s'ils les avaient distantes, à

1. *Marche des animaux*, chapitres 7 et 8.

cause du grand intervalle ; et avec plus de points moteurs, ce ne seraient plus des sanguins. La même cause vaut aussi pour les poissons qui n'ont que deux nageoires : car ils ressemblent à des serpents, étant d'une longueur importante, et ils utilisent leur articulation au lieu de deux nageoires. C'est pourquoi ils rampent sur la terre sèche[1] et peuvent y vivre un certain temps : les uns ne suffoquent pas tout de suite, tandis que les autres, qui sont familiers avec la nature vivant au sol, suffoquent moins encore.

Quant aux nageoires du dessus, ce sont les seules que possèdent les poissons qui n'en ont que deux, lorsqu'ils ne sont pas gênés par leur largeur. Ils les ont sur la tête, parce qu'à cet endroit ils ne présentent pas de partie longue qui autrement leur permettrait de se déplacer : car le corps des poissons de cette sorte est allongé vers la queue. Les raies et leurs semblables ne se servent pas de nageoires, mais nagent grâce à la largeur de leur extrémité. La torpille et la baudroie ont leurs nageoires supérieures en bas à cause de la largeur des parties du haut, et les inférieures, contre la tête. Car leur largeur ne les empêche pas de se déplacer, mais en échange du haut elles ont ces nageoires, plus petites que celles du dessus. La torpille a ses deux nageoires contre la queue : au lieu des deux autres, elle utilise sa largeur comme deux nageoires, avec chaque demi-cercle. Nous avons traité plus haut des parties situées sur la tête et des organes sensoriels[2].

---

1. Littéralement : « sur le sec ». 2. II, 10 et suivants.

5.232 Les branchies

Le genre des poissons possède un propre par rapport aux autres **[696b]** animaux sanguins : la nature des branchies ; nous en avons indiqué la cause dans les leçons sur la respiration[1]. Et ceux qui possèdent des branchies ont, les uns, des couvercles aux branchies, tandis que les sélaciens, comme ils ont des arêtes cartilagineuses, sont tous sans couvercle. La cause en est **[5]** que les premiers sont faits d'arête, que le couvercle est fait d'arête, alors que les sélaciens ont tous des arêtes cartilagineuses. De plus, le mouvement de certaines branchies est mou, du fait qu'elles ne sont pas faites d'arête ni de tendon, tandis que celles qui sont faites d'arête bougent rapidement : en effet, le mouvement du couvercle doit se faire rapidement ; car c'est pour l'expiration, en quelque sorte, **[10]** qu'existe la nature des branchies. C'est pour cette raison que chez les sélaciens la réunion des branchies coïncide avec celle des conduits, et il ne faut pas de couvercle pour qu'elle se fasse vite. Or si certains d'entre eux possèdent beaucoup de branchies, d'autres peu, si les uns ont des branchies doubles, d'autres des simples, la majorité a toutefois des branchies simples à leur extrémité. Le détail **[15]** est à étudier dans la partie correspondante des *Planches anatomiques* et dans l'*Histoire des animaux*[2]. La cause de leur plus ou moins grande quantité, c'est la chaleur plus ou moins grande de leur

---

1. *De la respiration*, chapitres 10 et 13. 2. Livre II, chapitre 13.

cœur : car il faut que le mouvement soit plus rapide et plus fort chez ceux qui possèdent plus de chaleur. Les branchies multiples et doubles possèdent **[20]** une nature qui permet cela, davantage que celles qui sont simples et plus petites. C'est pourquoi certains poissons qui ont des branchies plus petites et moins puissantes peuvent vivre un certain temps à l'extérieur, par exemple l'anguille et ceux en forme de serpents : car ils n'ont pas besoin d'être beaucoup refroidis.

5.233 La bouche

Ils possèdent aussi des différences concernant la bouche. Car les uns **[25]** ont une bouche toute droite et en avant, tandis que d'autres l'ont dessous, par exemple les dauphins et les sélaciens ; et ils attrapent leur nourriture en pivotant sur eux-mêmes. Manifestement, la nature a fait cela non seulement pour sauver les autres animaux (ils doivent en effet leur salut à ce retournement qui prend du temps, tous les poissons **[30]** de cette sorte étant carnivores), mais aussi pour empêcher qu'ils se laissent aller à leur avidité pour la nourriture : car si la prise était facile, ils auraient vite fait de périr par remplissage. À cela s'ajoute que, comme ils ont la nature du bec ronde et étroite, ils ne peuvent pas le tenir grand ouvert. De plus, même parmi ceux qui ont la bouche en haut, **[697a]** les uns en ont une largement ouverte, d'autres une effilée : ceux qui sont carnivores, largement ouverte, comme c'est le cas de ceux à dents de scie, parce que la force de tels animaux réside dans leur bouche, et ceux qui ne sont pas carnivores, effilée.

Quant à la peau, certains d'entre eux l'ont couverte d'écailles (et l'écaille, du fait de sa brillance et de sa minceur, se détache du corps), d'autres rugueuse, par exemple l'ange, la raie et leurs semblables ; ce sont ceux qui sont lisses qui sont les plus petits. Les sélaciens sont dépourvus d'écailles et rugueux, du fait qu'ils sont à arêtes cartilagineuses : car le terreux qui vient de là, la nature l'a dépensé dans la peau.

Aucun poisson ne possède de testicules, à l'extérieur ou à l'intérieur, pas plus que les autres animaux sans pieds, et c'est pourquoi les serpents n'en possèdent pas. Ils ont un conduit unique pour le surplus et pour ce qui a trait à la génération, comme tous les ovipares quadrupèdes, parce qu'ils n'ont pas de vessie et ne produisent pas de surplus liquide. Telles sont donc les différences entre le genre des poissons et les autres animaux.

5.234 Cas particulier des cétacés

Les dauphins, les baleines et tous les cétacés de cette sorte ne possèdent pas de branchies mais un évent, parce qu'ils ont un poumon : ils reçoivent l'eau de mer par la bouche et la rejettent par l'évent. Car il leur est nécessaire d'ingérer l'eau parce qu'ils y prennent leur nourriture ; et quand ils l'ont ingérée, ils doivent la rejeter. Or les branchies sont utiles à ceux qui ne respirent pas ; nous avons dit pour quelle raison dans les leçons sur la respiration[1] : car il est impossible que le même animal respire et ait des

1. Chapitre 12.

branchies. Mais pour rejeter l'eau, ils ont un évent. [25] Ce dernier est situé chez eux en avant du cerveau : car sinon il le couperait du rachis. La cause qui fait que ces animaux ont un poumon et respirent, c'est que les grands animaux ont besoin de plus de chaleur pour se mouvoir. C'est pourquoi un poumon est présent en eux, plein de chaleur sanguine. Ces animaux sont d'une certaine manière [30] des animaux terrestres[1] et des animaux aquatiques : car ils reçoivent l'air comme des animaux vivant au sol, et ils sont dépourvus de pieds et tirent leur nourriture de l'humide comme les aquatiques.

5.24 Animaux ambigus

5.241 Phoques et chauves-souris

[697b] Les phoques et les chauves-souris, parce qu'ils sont intermédiaires, respectivement entre les aquatiques et les terrestres, ou entre ceux qui volent et les terrestres, participent des deux genres et d'aucun des deux. Car considérés comme aquatiques, les phoques ont des pieds, mais [5] comme terrestres, des ailerons (car leurs pieds arrière présentent exactement le même aspect que ceux des poissons, et de plus toutes leurs dents sont acérées et en forme de scie) ; et les chauves-souris, considérées comme animaux aériens, possèdent des pieds, mais comme quadrupèdes elles n'en possèdent pas, et elles n'ont ni queue ni croupion : parce qu'elles volent, pas de

1. Le terme est πεζά (« vivant au sol »).

queue, et parce qu'elles vivent au sol, pas de croupion. C'est un fait nécessaire : car elles ont des plumes en peau, et aucun animal sans plumes fendues ne possède de croupion : car le croupion est formé de cette sorte de plume. Quant à la queue, elle constituerait précisément un obstacle si elle se trouvait entre les ailes.

5.242 L'autruche

IV, 14

Il en va de la même manière pour l'autruche[1] : car elle a certaines parties qui relèvent de l'oiseau, d'autres de l'animal quadrupède. Car dans la mesure où elle n'est pas quadrupède elle possède des ailes, et dans la mesure où ce n'est pas un oiseau elle ne vole pas en s'élevant et n'a pas des ailes servant à voler mais des ailes poilues. De plus, comme quadrupède elle possède les cils du haut et est dégarnie autour de la tête et en haut du cou, de sorte qu'elle a les cils assez poilus, et comme oiseau elle est pourvue de plumes en bas, et elle est bipède comme oiseau et à pieds fourchus comme quadrupède : car elle ne possède pas de doigts mais des pinces. La cause en est qu'elle n'a pas la taille d'un oiseau mais celle d'un quadrupède. Car il est nécessaire que la taille des oiseaux, pour parler en général, soit très petite : c'est qu'il n'est pas facile de soulever un grand volume de corps.

---

1. Littéralement : « moineau de Libye » (λιβυκὸς στρουθός).

Ainsi, quelle est la raison de chacune des parties chez les animaux, nous l'avons dit pour tous les animaux pris un par un. Maintenant que nous avons apporté ces précisions, il convient d'aborder le sujet de la génération des animaux.

BIBLIOGRAPHIE

Éditions et traductions du texte grec

TITZE, F. N., *De partibus animalium*, Leipzig, Cnoblock, 1823 (grec et allemand).

BEKKER, I., *Aristotelis Opera*, Berlin, Reimer, 1831, vol. 1 (grec).

BUSSEMAKER, U. C., *De partibus animalium*, Paris, Didot, 1854 (grec et latin).

LANGKAVEL, B., *De partibus animalium*, Leipzig, Teubner, 1868 (grec).

OGLE, W., *Aristotle on the Parts of Animals*, Londres, Paul, 1882 (anglais).

PECK, A. L., *Parts of Animals, Movement of Animals, Progression of Animals*, Londres - Cambridge (Mass.), Heinemann - Harvard University Press, 1937 (grec et anglais).

LE BLOND, J.-M., *Aristote philosophe de la vie : le livre premier du Traité sur les parties des animaux*, texte et traduction avec introduction et commentaire par –, Paris, Aubier, 1945 (texte et notes repris avec une introduction et des mises à jour bibliographiques de Pierre Pellegrin, Paris, Flammarion, 1995).

LOUIS, P., *Les Parties des animaux*, texte établi et traduit par –, Paris, Les Belles Lettres, 1957.

BALME, D. M., *De partibus animalium I and De generatione animalium I, with Pages from II. 1-3*, translated with notes by –, Oxford, Oxford University Press, 1992.

LENNOX, J. G., *On the Parts of Animals I-IV*, translated with an introduction and commentary by –, Oxford, Clarendon Press, 2001.

Instruments de travail

BODSON, L., *Aristote*, De partibus animalium : *index verborum, listes de fréquence*, Liège, CIPL, 1990.

HAYDUCK, M. (éd.), *Commentaria in Aristotelem græca*, vol. XXII, 2e partie, Berlin, Reimer, 1904 (commentaire de Michel d'Éphèse sur les *Parties des animaux*).

LOUIS, P. (éd.), *Marche des animaux, Mouvement des animaux, Index des traités biologiques*, Paris, Les Belles Lettres, 1973.

Ouvrages cités

ARISTOTE, *Histoire des animaux*, texte établi et traduit par Pierre Louis, 3 tomes, Paris, Les Belles Lettres, 1964, 1968 et 1969.

–, *De la génération des animaux*, texte établi et traduit par Pierre Louis, Paris, Les Belles Lettres, 1961.

HIPPOCRATE, *Des lieux dans l'homme – Du système des glandes – Des fistules – Des hémorroïdes – De la vision – Des chairs – Du système des glandes*, texte établi et traduit par R. Joly, Paris, Les Belles Lettres, 1978.

PLATON, *Timée, Critias*, texte établi et traduit par A. Rivaud, Paris, Les Belles Lettres, 1925.

Études

Aristote et les problèmes de méthode (collectif), Louvain, Publications universitaires, 1961.

BALME, D. M., « The Place of Biology in Aristotle's Philosophy », dans Gotthelf-Lennox (éd.), 1987, p. 9-20.

–, « Aristotle's Use of Division and Differentiae », dans Gotthelf-Lennox (éd.), 1987, p. 69-89.

–, « Teleology and Necessity », dans Gotthelf-Lennox (éd.), 1987, p. 275-285.

–, « Aristotle's Biology was not Essentialist », dans Gotthelf-Lennox (éd.), 1987, p. 291-392.

BARNES, J., « Aristotle's Theory of Demonstration », *Phronesis*, 14, 1969, p. 123-152 ; repris dans J. Barnes, M. Schofield, R. Sorabji (éd.), *Articles on Aristotle*, vol. I, Londres, Duckworth, 1975, p. 65-87.

BOLTON, R., « Division, définition et essence dans la science aristotélicienne », *Revue philosophique*, n° 2, 1993, p. 197-222.

CHO, D.-H., *Ousia und Eidos in der Metaphysik und Biologie des Aristoteles*, Stuttgart, Steiner, 2003.

COOPER, J., « Aristotle on Natural Teleology », dans

M. C. Nussbaum et M. Schofield (éd.), *Language and Logos*, Cambridge, Cambridge University Press, 1982, p. 197-222.

–, « Hypothetical Necessity and Natural Teleology », dans Gotthelf-Lennox (éd.), 1987, p. 243-274.

DETEL, W., « Why all Animals have a Stomach. Demonstration and Axiomatization in Aristotle's *Parts of Animals* », dans Kullmann-Föllinger (éd.), 1997, p. 63-84.

DEVEREUX, D., PELLEGRIN, P. (éd.), *Biologie, logique et métaphysique chez Aristote*, Paris, Éd. du CNRS, 1990.

DÜRING, I., *Aristotle's* De partibus animalium. *Critical and Literary Commentaries*, Göteborg, Elanders boktryck, 1943.

FURLEY, D. J., « The Rainfall Example in *Physics* 2.8 », dans Gotthelf (éd.), 1985.

GOTTHELF, A. (éd.), *Aristotle on Nature and Living Things : Philosophical and Historical Studies Presented to David M. Balme on his Seventieth Birthday*, Pittsburgh-Bristol, Mathesis, 1985.

–, « Notes Towards a Study of Substance and Essence in Aristotle's *Parts of Animals* II-IV », dans Gotthelf (éd.), 1985, p. 27-54.

–, « First Principles in Aristotle's *Parts of Animals* », dans Gotthelf-Lennox (éd.), 1987, p. 167-198.

–, « Aristotle's Conception of Final Causality », dans Gotthelf-Lennox (éd.), 1987, p. 204-242.

–, « The Elephant's Nose : Further Reflections on the Axiomatic Structure of Biological Explanation in Aristotle », dans Kullmann-Föllinger (éd.), 1997, p. 85-96.

GOTTHELF, A., LENNOX, J. G. (éd.), *Philosophical Issues in Aristotle's Biology*, Cambridge, Cambridge University Press, 1987.

KULLMANN, W., *Wissenschaft und Methode, Interpretationen zur aristotelischen Theorie der Naturwissenschaft*, Berlin-New York, De Gruyter, 1974.

KULLMANN, W., FÖLLINGER, S. (éd.), *Aristotelische Biologie. Intentionen, Methoden, Ergebnisse*, Stuttgart, Steiner, 1997.

LAKS, A., RASHED, M. (éd.), *Aristote et le* Mouvement des animaux. *Dix études sur le* De motu animalium, Villeneuve d'Ascq, Presses universitaires du Septentrion, 2004.

LENNOX, J. G., *Aristotle's Philosophy of Biology. Studies in the Origins of Life Science*, Cambridge, Cambridge University Press, 2001.

LLOYD, G. E. R., « Aristotle's Zoology and his Metaphysics : the Status Quaestionis », dans Devereux-Pellegrin (éd.), 1990.

LOUIS, P., *La Découverte de la vie, Aristote*, Paris, Hermann, 1975.

MOREL, P.-M., *De la matière à l'action. Aristote et le problème du vivant*, Paris, Vrin, 2007.

NUYENS, F., *L'Évolution de la psychologie d'Aristote*, trad. fr., Louvain, Éd. de l'Institut supérieur de philosophie, 1973.

ONIANS, R. B., *Les Origines de la pensée européenne : sur le corps, l'esprit, l'âme, le monde, le temps et le destin*, trad. fr., Paris, Seuil, 1999.

PELLEGRIN, P., *La Classification des animaux chez Aristote. Statut de la biologie et unité de l'aristotélisme*, Paris, Les Belles Lettres, 1982.

–, « Aristotle : a Zoology Without Species », dans Gotthelf (éd.), 1985, p. 95-115.

–, « Logical and Biological Difference : the Unity of Aristotle's Thought », dans Gotthelf-Lennox (éd.), 1987, p. 313-338.

–, « De l'explication causale dans la biologie d'Aristote », *Revue de Métaphysique et de Morale*, 1990/2, p. 197-219.

PREUS, A., *Science and Philosophy in Aristotle's Biological Works*, Hildesheim-New York, Olms, 1975.

SALEM, J., « Le cœur dans le corpus hippocratique », *Organon*, 33, 2004, p. 29-46.

REPÈRES BIOGRAPHIQUES

427 av. J.-C. : Naissance de Platon.

399 : Mort de Socrate.

384 : Naissance d'Aristote à Stagire (actuelle Stavros, au nord de la Grèce), colonie grecque sous domination macédonienne. Son père Nicomaque, médecin, est un proche d'Amyntas III, roi de Macédoine.

367 : Séjour à Athènes. Aristote suit les leçons d'Isocrate.

366 : Aristote devient l'élève de Platon.

366-347 : Aristote, à l'Académie, s'intéresse à la rhétorique, aux questions de logique et de métaphysique.

356 : Naissance d'Alexandre, fils du roi Philippe de Macédoine.

347 : Mort de Platon. Son neveu Speusippe lui succède à la tête de l'Académie. Aristote se retire à la cour du tyran Hermias d'Atarnée (en Mysie), puis à Assos (actuel village de Behramkale, en Turquie). Dans cette région côtière, Aristote effectue de nombreuses observations sur la faune aquatique, et rédige peut-être une première version des traités métaphysiques.

344 : Chute du tyran Hermias, assassiné par les Perses. Aristote se réfugie à Mytilène, dans l'île de Lesbos.

343 : Aristote est appelé par Philippe de Macédoine, qu'il a connu à Stagire, pour être précepteur de son fils Alexandre, âgé de 13 ans. Il le restera environ trois ans. Dans cette région verdoyante, au nord de Pella, capitale du royaume, Aristote peut effectuer de nombreuses observations sur les animaux. Il commence sans doute à rédiger ce qui deviendra l'*Histoire des animaux*.

336 : Alexandre succède à son père sur le trône de Macédoine.

335 : Aristote retourne à Athènes et y fonde le Lycée (dans le jardin d'Apollon Lycien). Durant les douze années qui suivent, il donne une forme censée être définitive à ses traités. Le traité des *Parties des animaux*, antérieur à celui de la *Génération des animaux*, a sans doute été composé au début de cette période.

323 : Mort d'Alexandre le Grand et fin de la domination macédonienne sur la Grèce. Accusé d'impiété pour avoir naguère composé un hymne en l'honneur d'Hermias, Aristote doit quitter Athènes. Il se retire à Chalcis, dans l'île d'Eubée.

322 : Mort d'Aristote à Chalcis.

TABLE

Composition réalisée par PCA

Achevé d'imprimer en septembre 2011, en France sur Presse Offset par
Maury-Imprimeur - 45330 Malesherbes
N° d'imprimeur : 166897
Dépôt légal 1re publication : octobre 2011
LIBRAIRIE GÉNÉRALE FRANÇAISE - 31, rue de Fleurus - 75278 Paris Cedex 06

30/8926/5